Online-Dialogangebote von Bundestag und Bundesregierung

ZukunftsStudien

Herausgegeben von Rolf Kreibich

Band 33

PETER LANG
Frankfurt am Main · Berlin · Bern · Bruxelles · New York · Oxford · Wien

Michaela Wölk/Britta Oertel/
Jan Oppermann/Mandy Scheermesser

Online-Dialogangebote von Bundestag und Bundesregierung

Quantitative und qualitative Analysen

PETER LANG
Internationaler Verlag der Wissenschaften

Bibliografische Information der Deutschen Nationalbibliothek
Die Deutsche Nationalbibliothek verzeichnet diese Publikation in
der Deutschen Nationalbibliografie; detaillierte bibliografische
Daten sind im Internet über <http://www.d-nb.de> abrufbar.

Abbildung auf dem Umschlag:
Bildausschnitt der Internethomepage des
Deutschen Bundestages.
Abdruck mit freundlicher Genehmigung des
Deutschen Bundestages.
Quelle: www.bundestag.de

ISSN 1860-658X
ISBN 978-3-631-56245-1
© Peter Lang GmbH
Internationaler Verlag der Wissenschaften
Frankfurt am Main 2008
Alle Rechte vorbehalten.

Das Werk einschließlich aller seiner Teile ist urheberrechtlich
geschützt. Jede Verwertung außerhalb der engen Grenzen des
Urheberrechtsgesetzes ist ohne Zustimmung des Verlages
unzulässig und strafbar. Das gilt insbesondere für
Vervielfältigungen, Übersetzungen, Mikroverfilmungen und die
Einspeicherung und Verarbeitung in elektronischen Systemen.

www.peterlang.de

Inhaltsverzeichnis

Kurzdarstellung 9

Executive Summary 11

1 Online-Dialogangebote 13
    1.1 Ausgangslage: deliberative Politik und Medien 13
    1.2 Zielsetzung und methodische Herangehensweise 17

2 Vergleichende Bewertung der Online-Dialogangebote von Bundestag und Bundesregierung 19
    2.1 Identifikation der Online-Dialogangebote 19
    2.2 Kriterien zur Bewertung der Gestaltung von Internetangeboten 22
    2.3 Vergleich der Dialogangebote von Bundestag und Bundesregierung 23
    2.4 Schlechte und gute Beispiele von Bundestag und Bundesregierung 34
    2.5 Kommunikationsangebote von Bundestag und Bundesregierung 41

3 Stärken und Schwächen, Chancen und Risiken von interaktiven Dialogangeboten 45

4 Vertiefende Untersuchung von ausgewählten interaktiven Online-Dialogangeboten 53
    4.1 Auswahl der interaktiven Online-Dialogangebote 53
    4.2 Bewertungskriterien 54
    4.3 Online-Foren 59
        4.3.1 Kanzlerforum – Konsequenzen aus der Gewalttat von Erfurt – Online-Dialogforum „Eindämmung von Gewaltdarstellung in Medien" 59
        4.3.2 Deutscher Bundestag – Enquete-Kommission 14. Legislaturperiode „Recht und Ethik der modernen Medizin" – Online-Dialogforum „Präimplantationsdiagnostik (PID)" 71
        4.3.3 Forum „Urheberrecht" www.mitmischen.de 83
    4.4 Chats auf den Internet-Portalen von Bundestag und Bundesregierung 93

5 Handlungsfelder 105

Fachgesprächspartner 109

Literaturverzeichnis 111

Anhang: Übersicht interaktiver Dialogangebote auf den Seiten der unter
 suchten Informations-Portale des Deutschen Bundestags und der
 Deutschen Bundesregierung (Chats, Foren, Online-Konferenzen) 115

Abbildungsverzeichnis

Abbildung 1-1: Idealisiertes Modell des demokratischen Prozesses 15
Abbildung 2-1: Übersicht über die 76 bewerteten Dialogangebote von Bundestag und Bundesregierung 20
Abbildung 2-2: Einbindung in das Portal des Betreibers bzw. in das WWW insgesamt 24
Abbildung 2-3: Vollständigkeit des Impressums 25
Abbildung 2-4: Technische Leistungsfähigkeit 26
Abbildung 2-5: Behindertengerechte Gestaltung 27
Abbildung 2-6: Gestaltung der Navigation 28
Abbildung 2-7: Leistungsfähigkeit der Suchfunktion 29
Abbildung 2-8: Suchmaschinenoptimierung 30
Abbildung 2-9: Anzahl der von Bundestag und Bundesregierung herausgegebenen Dialogangebote 32
Abbildung 2-10: Qualität der Internetangebote von Bundestag und Bundesregierung 33
Abbildung 2-11: www.freiheit-schmeckt-besser.de 34
Abbildung 2-12: www.socceringermany.info 35
Abbildung 2-13: www.bmbf.de 36
Abbildung 2-14: www.mitmischen.de 37
Abbildung 2-15: www.verbraucherschutzkompass.de 38
Abbildung 2-16: www.bundesregierung.de, Beispiel: Impressum 39
Abbildung 2-17: www.bundestag.de, Beispiel: Sitemap mit Links 40
Abbildung 2-18: Internetpräsenzen mit Dialogangeboten von Bundesregierung und Bundestag (ohne sonstige Angebote) 42
Abbildung 4-1: Beiträge der Teilnehmerinnen und Teilnehmer im Zeitverlauf im Kanzlerforum Erfurt 67
Abbildung 4-2: Geschlecht der Teilnehmerinnen und Teilnehmer im Kanzlerforum Erfurt 68
Abbildung 4-3: Tendenz der Beiträge zum Thema „Eindämmung von Gewaltdarstellungen in Medien im Kanzlerforum Erfurt 69

Abbildung 4-4: Kommunikationsstil der einzelnen Beiträge im
Kanzlerforum „Erfurt" 70

Abbildung 4-5: Struktur des Online-Forums „Präimplantationsdiagnostik" 72

Abbildung 4-6: Verteilung der Teilnehmerbeiträge in den einzelnen
Diskussionssträngen 77

Abbildung 4-7: Teilnehmerbeiträge im Zeitverlauf im Forum
Präimplantationsdiagnostik 78

Abbildung 4-8: Geschlecht der Teilnehmerschaft im Forum
Präimplantationsdiagnostik 79

Abbildung 4-9: Tendenz der Beiträge im Forum Präimplantationsdiagnostik 80

Abbildung 4-10: Kommunikationsstil der Beiträge im Forum
Präimplantationsdiagnostik 81

Abbildung 4-11: Durchschnittliche Länge der Beiträge im Forum
Präimplantationsdiagnostik 82

Abbildung 4-12: Durchschnittliche Länge der Beiträge in den einzelnen
Diskussionssträngen im Forum Präimplantationsdiagnostik 83

Abbildung 4-13: Struktur des Forums „Urheberrecht" 86

Abbildung 4-14: Namensgebung in den Beiträgen im Forum
„Urheberrecht" 89

Abbildung 4-15: Tendenz der Beiträge zum Thema im Forum
„Urheberrecht" 91

Abbildung 4-16: Kommunikationsstil der Beiträge im Forum
„Urheberrecht" 92

Abbildung 4-17: Ausgewählte Chats im Überblick 95

Abbildung 4-18: Anzahl der Beiträge der Expertinnen und Experten in den
untersuchten Chats 97

Abbildung 4-19: Namensgebung in den Beiträgen der Chat-
Teilnehmerinnen und -Teilnehmer 98

Abbildung 4-20: Geschlecht der Chat-Teilnehmerinnen und -Teilnehmer 99

Kurzdarstellung

Das Thema „Demokratie und Deliberation" wird seit den frühen 70er Jahren diskutiert. Kern der Idee einer deliberativen Demokratie ist, dass die Quelle politischer Legitimation die öffentliche Beratung der politischen Angelegenheiten durch die Bürgerinnen und Bürger – die Deliberation – ist. Vor dem Hintergrund zunehmender Legitimationsdefizite des politischen Systems gewinnt die Frage, welche Möglichkeiten sich aus dem verstärkten Einsatz der neuen Medien ergeben, an Bedeutung.

Die Untersuchung „Quantitative und qualitative Aspekte der Online-Dialogangebote von Bundestag und Bundesregierung", die das IZT – Institut für Zukunftsstudien und Technologiebewertung im Auftrag des Deutschen Bundestages und in Koordination mit dem Büro für Technikfolgen-Abschätzung beim Deutschen Bundestag (TAB) durchgeführt hat und deren Ergebnisse in der vorliegenden Zukunftsstudie abgebildet sind, zeigt, dass Online-Dialogangebote aufgrund ihrer unbegrenzten zeitlichen und räumlichen Verfügbarkeit die Verwirklichung eines deliberativen Politikstils grundsätzlich unterstützen können.

In der IZT-Studie wurden Internet-Portale bewertet, die vom Deutschen Bundestag oder vom Presse- und Informationsamt der Deutschen Bundesregierung bzw. den Bundesministerien herausgegeben werden (76 Portale). Zudem wurden interaktive Dialogangebote in Form von Chats und Foren auf der Grundlage inhaltsanalytischer Auswertungen untersucht. Dabei wurde auf die Untersuchung der Qualität der Dialoge besonderer Wert gelegt, weil gerade das demokratische Modell deliberativer Politik stark von der Qualität der Dialoge unter den Beteiligten abhängt.

Die Untersuchungsergebnisse zeigen, dass eine Stärke der Online-Dialogangebote in der Bereitstellung politischer Information für die Bürgerinnen und Bürger liegt. Die in den vergangenen Jahren in ihrem Umfang deutlich gewachsenen Dialogangebote ermöglichen den Zugriff auf die bereitgestellten Informationen 24 Stunden am Tag und sieben Tage in der Woche. Insofern Informiertheit die Grundlage jeglicher Partizipation ist, stellt also die Online-Kommunikation grundsätzlich Möglichkeiten bereit, politische Teilhabe – auch außerhalb der Online-Medien – zu verbessern und zu erweitern. Zudem wird deutlich, dass sich die politischen Informations-Portale durch eine zunehmend stärkere Dienstleistungsorientierung auszeichnen: z. B. Mailinglisten oder Frequently-Asked-Question-Kataloge (FAQ).

Die inhaltsanalytische Auswertung der Online-Dialoge zeigt, dass in den angebotenen Chats, Foren und Online-Konferenzen über aktuelle politische Themen, Lebensentwürfe und über die Zukunft von Gesellschaft engagiert und fundiert diskutiert wird. Die spezifischen Eigenschaften des Internets führen dazu, dass in den interaktiven Dialogangeboten Menschen mit den unterschiedlichsten Lebenshintergründen zusammenkommen, die sich im realen Leben vermutlich nie treffen würden (z. B. im Hinblick auf die räumliche Verortung, fachliche und professionelle Hintergründe). Neue Medien leisten somit einen Beitrag zu deliberativer Politik, indem sie zur Bildung von Toleranz und zur Entwicklung gesellschaftlichen Bewusstseins sowie zu grundsätzlich verbesserten Möglichkeiten der politischen Informiertheit beitragen.

Den Stärken politischer Online-Dialogangebote stehen auch Schwächen gegenüber. So zeigen die Untersuchungsergebnisse, dass im Kontext von interaktiven Dialogangeboten (vor allem: politische Online-Foren) für die beteiligten Bürgerinnen und Bürger im Hinblick auf die politische Verwertung der Dialoginhalte und -ergebnisse oftmals eine geringe bzw. gar keine Transparenz besteht. Die Ziele der interaktiven Dialogangebote werden häufig nicht explizit formuliert und sind den Teilnehmerinnen und Teilnehmern daher nicht bekannt. Eine effektive Ankopplung an die Entscheidungskommunikation bzw. die politische Arbeit fehlt häufig. Dies bedeutet, dass interaktive Dialogangebote bislang in der Regel als Instrument der Öffentlichkeitsarbeit, weniger als Instrument der verbindlichen politischen Partizipation eingesetzt werden.

Im Fazit: Interaktive Dialogangebote auf der Grundlage neuer Medien ersetzen nicht die klassischen Formen politischer Kommunikation, substituieren sie aber partiell und erlauben neue Formen des Austauschs. Auch private Akteure, die in herkömmlichen Medien gar nicht oder nur in Ausnahmesituationen vorkamen, haben dank neuer Medien ihren eigenen Zugang zur Öffentlichkeit und aufgrund der erheblich erweiterten Informationsressourcen deutlich verbesserte Partizipationschancen. Trotz der oft überzogenen Erwartungen an die „revolutionären" Kräfte der neuen Medien verdeutlichen die vorliegenden Untersuchungsergebnisse die Vorteile einer „Elektronisierung" der politischen Kommunikation und entkräften die kritischen Gegenargumente. Transparenz und ein erhöhtes Maß an Bürgerinformation und -beteiligung zählen zu den zentralen Ergebnissen einer elektronischen Vernetzung der Politik.

Executive Summary

The topic "Democracy and Deliberation" has been actively discussed since the early seventies. The core of the idea of deliberative democracy is that the source of political legitimisation is public consultation in political affairs by the society's citizens – that is: deliberation. With an increasing lack in legitimisation of the political system, a particular question gains in importance: What may be gained from the increased adoption of new media?

An interesting study – "Quantitative and Qualitative Aspects of Online Dialogue Opportunities of the German Parliament and the Federal Government" – was carried out on behalf of the German Parliament and in coordination with its Bureau for Technology Assessment (TAB), by the IZT – the Institute for Futures Studies and Technology Assessment. The results of this study are mapped out in this report, showing that online dialogue opportunities can essentially support the realisation of a deliberative political style due to their ability to overcome otherwise common constraints posed by time and long distances.

In the IZT-study, internet portals have been assessed which are released by the German Parliament or by the press and information office of the federal government and the federal ministries respectively (76 portals). Furthermore, interactive dialogue opportunities in terms of chats and forums have been analysed based on content-related analytical evaluation. Particular emphasis has been placed on the analysis of the quality of the dialogues since the democratic model of deliberative politics in particular strongly depends on the quality of dialogues among the participants.

The results reveal that one strength of online-dialogue opportunities lies in the availability of political information to citizens. The significant increase in the number of dialogue opportunities over the past few years allows access to information 24 hours a day and seven days a week. Insofar as being informed is the basis of any participation, online communication basically supplies the chance to improve and to widen political involvement – even beyond the online arena. Moreover it becomes apparent that the political information portals feature an increasing orientation on service: e.g. mailing lists or Frequently-Asked-Question-catalogues (FAQ).

The content-related analysis of online-dialogues provides evidence that in chats, forums and online-conferences offered, current political topics, general philosophies of life and attitudes toward the future of society are all discussed with deep, substantive concern. The specific attributes of the internet lead to a convergence of people with extremely diverse backgrounds: Individuals meet in interactive dialogues although they would probably never meet each other in their real lives (e.g. due to their locations and professional backgrounds). Thus new media contribute to deliberative politics by encouraging tolerance and the development of social consciousness as well as providing essentially improved options to be politically informed.

In addition to their strengths, political online dialogue opportunities demonstrate weaknesses as well. The results indicate that in a context of interactive dialogue (primarily political online forums), there often exists limited transparency or a complete lack of transparency for the participating citizens with regard to the political utilisation of the dialogue contents and their results. Often the aims of interactive dialogue have not been formulated explicitly and therefore are not known by the participants. Often an effective connection is lacking to relevant decision-making processes and political work involved. This means that interactive dialogue opportunities to date have normally been applied more as an instrument of public relations than an instrument of binding political participation.

Conclusion: Interactive dialogue opportunities, on the basis of new media, can not replace the classical forms of political communication, but they can substitute for them partially and allow new means of communication. Today even private parties who otherwise have not or only rarely made their presence felt in conventional media have their own access to publicity due to new media. Such otherwise disenfranchised parties now have explicitly improved chances for participation due to increased information resources. Despite the often exaggerated expectations concerning the "revolutionary" power of new media, the research results make the advantages of electronic political communication clear and they invalidate critical counter-arguments. Transparency and a heightened degree of civic information and participation rank among the main consequences of electronic political interconnectedness.

1 Online-Dialogangebote

1.1 Ausgangslage: deliberative Politik und Medien

> *„Eine verantwortliche Teilhabe der Bürger an der politischen Willensbildung des Volkes setzt voraus, dass der Einzelne von den zu entscheidenden Sachfragen, von den durch die verfassten Staatsorgane getroffenen Entscheidungen, Maßnahmen und Lösungsvorschlägen genügend weiß, um sie beurteilen, billigen oder verwerfen zu können. Dazu vermag staatliche Öffentlichkeitsarbeit einen wesentlichen Beitrag zu leisten."*
>
> *Entscheidung des Bundesverfassungsgerichts, BVerfGE 44, 125 (164) vom 2. März 1977*

Das Thema „Demokratie und Deliberation" wird seit den frühen 1970er Jahren in wissenschaftlichen und politischen Kontexten diskutiert. Kern der Idee einer deliberativen Demokratie ist der Gedanke, dass die Quelle politischer Legitimation die öffentliche Beratung der politischen Angelegenheiten durch die Bürgerinnen und Bürger – die Deliberation – ist. Deliberation stammt vom lateinischen Wort „deliberare" ab und bedeutet „überlegen, beraten und sich [nach angestellter Überlegung] entscheiden".

Vor allem Jürgen Habermas prägte mit seinen Beiträgen zur Diskurstheorie und dem demokratischen Rechtsstaat die wissenschaftliche Diskussion nachhaltig. Mit dem Begriff der deliberativen Politik beschreibt er ein demokratisches Verfahren, das einen Prozess zur politischen Meinungs- und Willensbildung umschreibt, der diskursiv geführt wird. Dabei richtet sich die deliberative Politik sowohl auf die Verfahren der Meinungs- und Willensbildung als auch auf die Voraussetzungen, die erfüllt sein müssen, um im umfassenden Diskurs aller Beteiligten zu konsensfähigen Meinungen und Ergebnissen zu kommen, die dann in Politik umgesetzt werden (Habermas 1992).

Im Zentrum deliberativer Politik steht somit die diskursive Erarbeitung einer konsensfähigen Meinung. Diese Arbeitsweise muss einigen Regeln entsprechen, um das erklärte Ziel, starke konsensfähige Meinungen und Ergebnisse zu erreichen und diese dann in Politik umzusetzen. Für eine am Idealtypus gemessene, erfolgreiche Umsetzung deliberativer Politik ist es entscheidend, dass spezifische Diskurs- und Kommunikationsbedingungen gegeben sind (Habermas, 1992; Buchstein, 1995):

- Zunächst sind sachgerechte Informationen erforderlich, die von den Diskursteilnehmerinnen und -teilnehmern verarbeitet werden können. Auch muss ein öffentlicher argumentativer Austausch von Informationen etabliert werden, der alle Beteiligten gleichberechtigt einbezieht.

- Prinzipiell muss diese Beteiligung chancengleich sein und zudem frei von externen wie internen Zwängen. Nur so können „vernünftige" bzw. „faire" Ergebnisse in einem Meinungsaustausch erzielt werden.

- Daneben müssen die Themen dieses öffentlichen argumentativen Austauschs solche sein, die für alle Beteiligten von Bedeutung sind: Sie sind somit von den Beteiligten selbst festzulegen.

- Weiterhin muss eine prinzipielle Unbegrenztheit der Diskurse sichergestellt sein, um das Erreichen von stabilen Ergebnissen zu ermöglichen. Hieraus folgt, dass Themen immer wieder neu aufgegriffen werden können.

Ausgehend von der Annahme, dass in einer Demokratie eine umfassende Kommunikation zwischen allen Ebenen und Institutionen der Gesellschaft erforderlich und gewünscht ist, stellt sich die Frage, welche Möglichkeiten Informations- und Kommunikationstechnologien zur Stärkung bzw. Belebung der Demokratie im Sinne deliberativer Politik bieten und ob bzw. inwieweit durch internetbasierte Dialogangebote eine stärkere Beteiligung der Bürgerinnen und Bürger am politischen Prozess erreicht werden kann.

Das Internet eröffnet zumindest potenziell die Möglichkeit, alle Gesellschaftsmitglieder in einem übergreifenden Kommunikationsnetz zu vereinigen (Tauss, 2001). Auf Basis der Informations- und Kommunikationstechnologien kann die politische Online-Kommunikation grundsätzlich mehr Menschen schneller an politischen Informationen und Entscheidungsprozessen teilhaben lassen. Insofern Informiertheit die Grundlage jeglicher Partizipation ist, stellt also die Online-Kommunikation grundsätzlich Möglichkeiten bereit, politische Teilhabe – auch außerhalb der Online-Medien – zu verbessern und zu erweitern.

Die Wandlungsprozesse, die mit dem Eindringen und der massenmedialen Nutzung des Internet das demokratische System gewissermaßen „elektronisieren", können in einem idealisierten Modell des demokratischen Prozesses abgebildet werden. Die Darstellung beginnt mit informierten Bürgerinnen und Bürgern, die sich über politische Themen öffentlich austauschen und geht weiter über Bürgerinnen und Bürger, die bestimmte Aktionen in das politische System einbringen, die dort entschieden und schließlich administrativ ausgeführt werden. (Kleinsteuber, 2001)

Abbildung 1-1: Idealisiertes Modell des demokratischen Prozesses

	Blickwinkel der Bürgerinnen und Bürger	**Blickwinkel der Politik**
Information	Abruf politischer Nachrichten	Angebot politischer Akteure
Kommunikation/ Diskussion	Gespräche über Politik bzw. politische Themen	Gespräche zwischen politischen Entscheidungsträgern und privaten Akteuren
Partizipation/ Aktion	Kampagnen im Netz	Debatte über Gesetzesvorhaben
Interaktion/ Wahlen	Meinungsumfragen	Wahlen im Netz
Administration	Digitalisierte Verwaltung	Digitalisierung von Verwaltungsabläufen

Quelle: auf Basis von Kleinsteuber, 2001.

Die Entwicklung und Verbreitung von Internetdiensten sowie darauf basierenden Anwendungen eröffnet eine Vielzahl von Möglichkeiten zur Information, zur Kommunikation und Diskussion, zur Partizipation/ Aktion sowie zur Interaktion. Die Chancen des Internets liegen nicht nur in einer Verbesserung des Informationsangebotes, sondern vor allem im Informationsaustausch. Erst durch die Möglichkeit zur Interaktivität werden die bisherigen Prozesse und Strukturen politischer Kommunikation aufgebrochen.

Indem neben der Informationsvermittlung auch die verschiedenen Beteiligungsformen virtualisiert werden, bietet sich den staatlichen, halbstaatlichen und privaten Akteuren eine zusätzliche Dimension, sich aktiv in verschiedensten politischen Formen einzubringen. Online-Kommunikation stellt in diesem Sinne eine Anpassung der politischen Partizipation an die lang anhaltenden gesellschaftlichen Trends der Individualisierung, der fortschreitenden Mobilität, der Loslösung von tradierten Beteiligungsmustern und der Zunahme von punktueller Aktivität unter Beteiligungsgesichtspunkten dar (Rogg, 2001).

Im Internet stehen verschiedene Dienste für den zeitgleichen und zeitversetzten Dialog zur Verfügung. Dabei ist E-Mail das nach wie vor am stärksten genutzte Kommunikationsmedium zum direkten interpersonalen Informationsaustausch im Internet.

Als Instrumente für die zeitgleiche (synchrone) Kommunikation bzw. den zeitgleichen Informations- und Meinungsaustausch zwischen mehreren Gesprächspartnern stehen im Internet der Chat, das Forum und die Online-Konferenz zur Verfügung. In mehr oder weniger regelmäßiger Folge veranstaltet, übernehmen diese interaktiven Dialogangebote den Kontakt zwischen Bürger und Politik bzw. Verwaltung in Form eines organisierten, öffentlich zugänglichen Austauschs:

- **Online-Chats** (von engl.: „to chat", plaudern): ist die Bezeichnung für die innerhalb des Internet weit verbreitete Art eines „getippten Gesprächs" zwischen zwei oder mehreren Personen in Echtzeit. Unterschieden wird in unmoderierte Chats, in denen Beiträge der Chat-Teilnehmerinnen und – Teilnehmer entsprechend ihres Eingangs beim Chat-Server veröffentlicht werden, und moderierte Chats, in denen ein zentraler Akteur eine Auswahl der Beiträge und/ oder der Sequenzierung vornimmt. Moderierte Chats dauern typischerweise ca. eine Stunde. Charakteristisch für Chats sind Emotikons und Akronyme, mit denen die Grenzen der computervermittelten Kommunikation durch standardisierte Zeichenfolgen zum Ausdruck von Mimik, Gefühlen oder Bewertungen „aufgeweicht" werden (Beißwenger, 2002). Im Bereich der politischen Kommunikation werden seit ca. 1998 Online-Chats angeboten, die als zeitlich begrenzte, thematisch fokussierte „Veranstaltungsöffentlichkeiten" mit mehr oder weniger prominenter Beteiligung (Experten- oder Prominenten-Chats) angesehen werden können (Leggewie/Bieber, 2001, 39). Diese Politik-Chats sind in der Regel durch die Abfolge von Paarsequenzen aus Frage und Antwort gekennzeichnet. Häufig werden Chats im Rahmen von traditionellen Großveranstaltungen wie Messen oder Konferenzen durchgeführt (Event-Chats). Die Mehrzahl der Chats von Bundestag und Bundesregierung konzentrieren sich auf einen prominenten politischen Akteur. Politik-Chats mit mehreren oder nicht prominenten Expertinnen und Experten bilden derzeit die Ausnahme.

- **Online-Foren**: Ein „Forum" ist, in der Entsprechung zur griechischen Agora, in der allgemeinsten Bedeutung der Raum, der Ort, der Treffpunkt, auf dem öffentliche Diskussionen geführt und Ideen zur Bildung von Öffentlichkeit ausgetauscht werden. Unter Online-Foren werden interaktive, Information präsentierende, Kommunikation und Transaktion ermöglichende, unterhaltende und auf eine unbestimmt „offene Öffentlichkeit" oder auf speziell definierte Zielgruppen ausgerichtete Software-Anwendungen verstanden. Sie erlauben in ihrer überwiegend asynchronen Kommunikationsform zwar auch mehr oder weniger spontane direkte Reaktionen, gestatten aber im Gegensatz zum Chat, in denen „live" kommuniziert wird, die Verzögerung einer Antwort über eine Phase der Informationssammlung oder einfach des Nachdenkens. (Kuhlen, 1999) Um eine qualifizierte Diskussion vorzubereiten und zu eröffnen, werden von den Initiatoren der Online-Foren zuweilen Hintergrundinformationen bereitgestellt. Foren werden in der Regel innerhalb eines fest definierten wöchentlichen Zeitraums durchgeführt (z. B. vier Wochen).

- **Online-Konferenz**: In einer Online-Konferenz diskutieren die Teilnehmenden zu spezifischen Themen zumeist in moderierten Foren über einen begrenzten Zeitraum hinweg. Zuweilen wird die Öffentlichkeit von Online-

Konferenzen eingeschränkt, um einen fachbezogeneren oder auch freieren Gedankenaustausch zu ermöglichen. Vergleichbar zu traditionellen Konferenzen werden im Rahmen von Online-Konferenzen auch Podiumsdiskussionen angeboten. In der Regel werden weitere Formate (zum Beispiel Text-, Bild- und Tondokumente als Hintergrundmaterialien) eingebunden. Online-Konferenzen werden punktuell als Instrument der computergestützten Kommunikation im politischen Kontext eingesetzt. Sie werden in der Regel innerhalb eines fest definierten Stunden-Bereichs durchgeführt (z. B. zwei Stunden).

Online-Dialogangebote können aufgrund ihrer unbegrenzten zeitlichen und räumlichen Verfügbarkeit dazu beitragen, die Verwirklichung eines deliberativen Politikstils deutlich zu unterstützen. Dies sei als Ausgangsthese der vorliegenden Untersuchung vorangestellt.

1.2 Zielsetzung und methodische Herangehensweise

Das Ziel der vorliegenden Untersuchung besteht darin, die bestehenden Online-Dialogangebote von Bundestag und Bundesregierung quantitativ und qualitativ zu evaluieren. Dabei ist die Bedeutung interaktiver Dialogangebote für eine Umsetzung deliberativer Politik sowie die Qualität der Diskussionen von besonderem Interesse.

Zu den Teilzielen der vorgeschlagenen Untersuchung zählen die

- Analyse der Online-Dialogangebote von Bundestag und Bundesregierung auf Basis ausgewählter Bewertungskriterien (z. B. technische Leistungsfähigkeit, Navigation),
- vertiefende Untersuchung ausgewählter interaktiver Online-Dialogangebote von Bundestag und Bundesregierung (Chat, Forum),
- Ableitung von Stärken und Schwächen sowie Chancen und Risiken interaktiver Dialogangebote für die Umsetzung deliberativer Politik sowie die
- Ermittlung von Handlungsfeldern für die Politik zur Ausschöpfung der Potenziale von Dialogangeboten für eine verbesserte Umsetzung deliberativer Politik.

In einem ersten Arbeitsmodul wurde eine bewertende Analyse der bestehenden Online-Dialogangebote von Bundestag und Bundesregierung unter Berücksichtigung sowohl quantitativer als auch qualitativer Aspekte vorgenommen. In die vergleichende Bewertung wurden diejenigen Internet-Portale einbezogen, die entweder vom Deutschen Bundestag oder vom Presse- und Informationsamt der Deutschen Bundesregierung bzw. den Bundesministerien herausgegeben werden.

In enger Abstimmung mit dem Büro für Technikfolgenabschätzung beim Deutschen Bundestag wurden auf Basis der Untersuchungsergebnisse des ersten Arbeitsmoduls interaktive Dialogangebote (Chats, Foren) der Internet-Portale von Bundestag und Bundesregierung ausgewählt und auf der Grundlage inhaltsanalytischer Auswertungen vertiefend untersucht. Dabei wurde auf die Untersuchung der Qualität der Dialoge und Kommunikationsprozesse besonderer Wert gelegt, weil gerade das demokratische Modell deliberativer Politik stark von der Qualität der Dialoge unter den Beteiligten abhängt. Diese exemplarische Herangehensweise ermöglicht eine vertiefende Einsicht anhand von konkreten Anwendungen, nicht aber eine Ableitung repräsentativer Aussagen.

Abschließend werden die Untersuchungsergebnisse zusammengefasst. Dabei werden zum einen die Stärken und Schwächen und zum anderen die Chancen und Risiken der ausgewählten Online-Dialogangebote für die Modernisierung und Gestaltung eines deliberativen demokratischen Prozesses analysiert und bewertet.

2 Vergleichende Bewertung der Online-Dialogangebote von Bundestag und Bundesregierung

2.1 Identifikation der Online-Dialogangebote

In die vergleichende Bewertung wurden diejenigen Internet-Portale einbezogen, die entweder vom Deutschen Bundestag oder vom Presse- und Informationsamt der Deutschen Bundesregierung bzw. den Bundesministerien herausgegeben werden. Die Identifikation der Internetangebote erfolgte im Wesentlichen durch eine Recherche über Suchmaschinen (Herausgeber: Bundesministerium oder zahlreiche politische Institutionen) sowie durch ein Verfolgen der Links unter http://www.bundesregierung.de mit einem Spider-Programm. So konnten 81 Domainnamen identifiziert werden. Bei der Bewertung ergab sich, dass folgende Domainnamen auf identische Dialogangebote verweisen:

- www.verteidigungsministerium.de: identisch mit www.bundeswehr.de
- deutschland.dasvonmorgen.de: identisch mit www.berufsbildungsgesetz.de und www.jahr-der-technik.de
- www.bundesregierung.de: www.bundespresseamt.de ist Bestandteil von www.bundesregierung.de

Diese Angebote wurden jeweils nur einmal bewertet.

Ein weiteres Internetangebot www.altenhilfestrukturen.de des Bundesministeriums für Familie, Senioren, Frauen und Jugend wurde identifiziert. Nach Auskunft der zuständigen Internetredaktion gibt es diese Internetseite seit Januar 2005 in dieser Form nicht mehr. Dieses Angebot wurde nicht in die Bewertung einbezogen.

Insgesamt wurden 76 Dialogangebote analysiert (siehe Abbildung 2–1).

Abbildung 2-1: Übersicht über die 76 bewerteten Dialogangebote von Bundestag und Bundesregierung

Ausgewählte Informations-Portale von Bundestag und Bundesregierung	
www.auswaertiges-amt.de	www.bmfsfj.de
www.socceringermany.info	www.hinsehen-handeln-helfen.de
www.bmi.bund.de	www.towards-power.de
www.bundesfinanzministerium.de	www.einmischen-mitmischen.de
www.zoll.de	www.erfolgsfaktor-familie.de
www.bundesforst.de	www.gender-mainstreaming.net
www.bmj.bund.de	www.bmgs.bund.de
www.kopien-brauchen-originale.de	www.die-gesundheitsreform.de
www.ich-sorge-vor.de	www.soziale-sicherungssysteme.de
www.bmvg.de	www.kinderwelt.org
www.verteidigungsministerium.de (identisch mit www.bundeswehr.de)	www.bmu.de
www.streitkraeftebasis.de	www.erneuerbare-energien.de
www.lisa-bund.de	www.doncato.de
www.suchtpraevention-bundeswehr.de	www.bmvbw.de
www.bundeswehr-karriere.de	www.planspiel-innenstadt.de
www.bundeswehrkrankenhaus.de	195.43.52.101
www.deutschesheer.de	www.best-for-bike.de
www.aids-praevention-bundeswehr.de	www.rbbau-online.de
www.bmbf.de	www.bmwa.bund.de
www.jahr-der-chemie.de	www.pro-mittelstand.org
www.entdecke-den-mikrokosmos.de	www.mobilfunk-information.de
www.meister-bafoeg.info	www.existenzgruender.de
www.gesundheitsforschung-bmbf.de	www.aus-fehlern-lernen.info
www.berufsbildungsbericht.info	www.teamarbeit-fuer-deutschland.de
www.technologische-leistungsfaehigkeit.de	www.mittelstand-sicher-im-internet.de
deutschland.dasvonmorgen.de (identisch mit www.berufsbildungsgesetz.de und www.jahr-der-technik.de)	www.bmwi-softwarepaket.de
www.ganztagsschulen.org	www.equal-de.de

Ausgewählte Informations-Portale von Bundestag und Bundesregierung	
www.fona.de	www.xenos-de.de
www.exist.de	www.nexxt.org
www.verbraucherministerium.de	www.iid.de
www.ernaehrungsvorsorge.de	corporate-citizenship.focus-web.de
www.gutes-vom-bauernhof.de	www.bmz.de
www.freiheit-schmeckt-besser.de	www.bundesregierung.de (www.bundespresseamt.de ist Bestandteil von www.bundesregierung.de)
www.nwp-online.de	www.bundeskanzler.de
www.foerderpreisoekologischerlandbau.de	www.findulin.de
www.berge2002.de	www.adlerauge.de
www.policies-against-hunger.de	www.bundestag.de
www.verbraucherschutzkompass.de	www.mitmischen.de

Quelle: IZT – Institut für Zukunftsstudien und Technologiebewertung.

Weitere Informationsangebote wurden erst nach Abschluss der Bewertung identifiziert und konnten aus diesem Grund nicht mehr in die vergleichende Analyse einbezogen werden:

- www.forumpraevention.de
  (Herausgeber: Bundesministerium für Gesundheit und Soziale Sicherung),
- www.die-rente.info
  (Herausgeber: Bundesministerium für Gesundheit und Soziale Sicherung),
- www.ejes2004.de
  (Herausgeber: Bundesministerium für Bildung und Forschung),
- www.arbeitsmarktreform.de
  (Herausgeber: Bundesministerium für Wirtschaft und Arbeit).

Um ein möglichst genaues und nachvollziehbares Ergebnis der Webseitenanalyse zu gewährleisten, wurden die identifizierten Informationsangebote von Bundestag und Bundesregierung auf eine Festplatte des IZT „gespiegelt". Es erfolgte somit ein Download aller Dateien sowie deren Anordnung entsprechend der Struktur der Herkunftsseiten. Durch diese methodische Herangehensweise können Zuordnungsfehler von Suchmaschinen oder weitere Tools zur Webseitenbewertung ausgeschlossen werden.

2.2 Kriterien zur Bewertung der Gestaltung von Internetangeboten

Zu Beginn der vorliegenden Untersuchung wurden die folgenden Bewertungskriterien für eine Vergleichbarkeit der einzelnen Angebote jeweils durch einzelne Indikatoren abgebildet:

- **Einbindung der ausgewählten Dialogangebote in das Portal des Betreibers bzw. in das WWW insgesamt**, z. B. Erinner- und Merkbarkeit der URL, Zahl der Links von der Hauptseite, Anzahl der Webseiten, die auf die Homepage verlinken;
- **Vollständigkeit des Impressums**, z. B. Name des Anbieters, Besucheranschrift des Anbieters, Telefon- und Faxnummer, E-Mail-Adresse, Verantwortlicher mit Angabe des Namens und der Anschrift;
- **Technische Leistungsfähigkeit**, z. B. Gestaltung der Druckausgabe, Download-Zeit der Homepage, Anzahl der gebrochenen internen Links;
- **Behindertengerechte Gestaltung**, z. B. Alt-Tag für inhaltstragende Grafiken, Unterteilung der Texte in kleine Abschnitte, lange Sätze, Kennzeichnung der Abschnitte durch klare Überschriften;
- **Gestaltung der Navigation**, z. B. Link zur Startseite/Homepage von jeder Seite aus, Erreichbarkeit der Rubrik „Kontakt" von jeder Seite aus, Verfügbarkeit einer Sitemap, Kennzeichnung besuchter Links;
- **Leistungsfähigkeit der Suchfunktion**, z. B. Möglichkeit zur Suche nach Schlüsselwörtern über ein Suchfeld, Verfügbarkeit des Suchfelds auf der Homepage, Title-Tag, Keyword-Tag, Description-Tag, Positionierung der Seite innerhalb der ersten 200 Treffer bei Google, Google-Toolbar-Ranking;
- **Suchmaschinenoptimierung**, z. B. Einbindung von Meta-Tags in den Quellcode, Analyse der Position in Suchmaschinen.

Die Indikatoren wurden ausgewählt, um Transparenz, Nutzen und Effizienz der Informations-Portale von Bundestag und Bundesregierung beispielhaft zu analysieren. Sie bilden in ihrer Gesamtheit keine vollständige Analyse der Angebote, sondern geben nur einen groben Überblick über die Qualität der Gestaltung der Internet-Portale. Eine gute Bewertung der Gruppe von Indikatoren zur behindertengerechten Gestaltung lässt beispielsweise nicht den Schluss zu, dass das Angebot in allen Aspekten behindertengerecht ist. Es lässt sich jedoch folgern, dass Angebote nicht behindertengerecht sind, sofern im Rahmen der Analyse Mängel aufgeführt sind.

2.3 Vergleich der Dialogangebote von Bundestag und Bundesregierung

In einem ersten Schritt wurden die beiden Internet-Angebote des Deutschen Bundestages, die vier vom Presse- und Informationsamt der Bundesregierung herausgegebenen Internetangebote sowie diejenigen Angebote der Bundesministerien, die den Namen oder die Abkürzung des jeweiligen Ministeriums im Domainnamen tragen, miteinander verglichen.

Insgesamt hinterlassen diese Internet-Angebote hinsichtlich der in Kapitel 2.2 dargestellten Kriterien einen gepflegten und gut positionierten Eindruck. Defizite einzelner Informationsangebote ergeben sich insbesondere

- **bei der Einbindung in das Portal des Betreibers bzw. in das WWW insgesamt:**
  Hier fällt vor allem die unzureichende Positionierung in der Suchmaschine „Google" und daraus folgend die mangelhafte Auffindbarkeit einiger Angebote ins Gewicht.

- **bei der Vollständigkeit des Impressums:**
  Unvollständige Angaben zur Kontaktaufnahme per Telefon oder Telefax sind die häufigsten Mängel der Anbieterkennzeichnungen.

- **bei der technischen Leistungsfähigkeit:**
  Mangelhafte Möglichkeiten der Druckausgabe sowie lange Downloadzeiten der Homepage wurden hier negativ vermerkt.

- **bei der behindertengerechten Gestaltung:**
  Mit Frames gestaltete Seiten oder fehlende Tags für inhaltstragende Grafiken wurden am häufigsten konstatiert.

- **bei der Gestaltung der Navigation**:
  Hier wurden die schlechte Auffindbarkeit der Rubrik „Kontakt" sowie die fehlende Unterscheidung zwischen besuchten und unbesuchten Links bemängelt. Des Weiteren fehlt bei vier Angeboten die Sitemap.

- **bei der Leistungsfähigkeit der Suchfunktion**:
  Bei einigen Angeboten fehlen die Suchfunktion und damit ein wichtiges Instrument zur Orientierung der Nutzer auf Informations-Portalen.

- **bei der Suchmaschinenoptimierung**:
  Zahlreiche Angebote von Bundestag und Bundesregierung sind nicht auf den ersten Seiten der Google-Positionierung zu finden.

Die Ergebnisse der Analysen sind in den Abbildungen 2-2 bis 2-8 im Überblick dargestellt.

Abbildung 2-2: Einbindung in das Portal des Betreibers bzw. in das WWW insgesamt

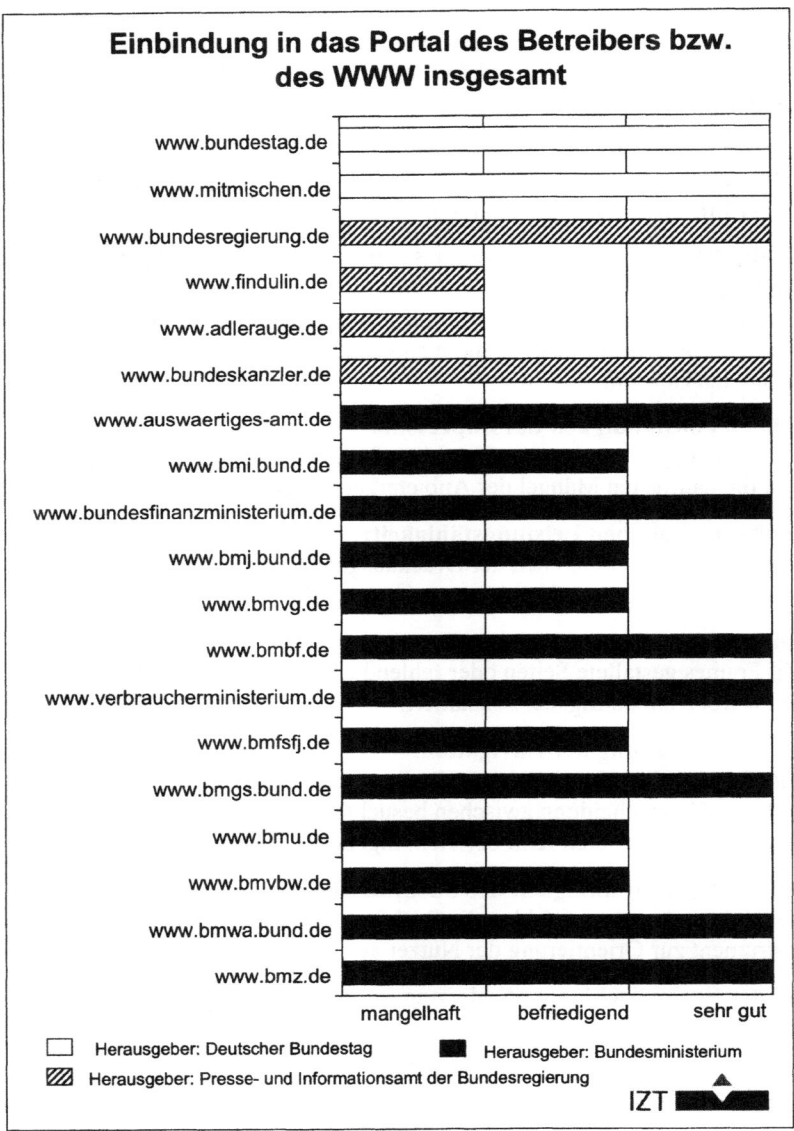

Quelle: IZT – Institut für Zukunftsstudien und Technologiebewertung.

Abbildung 2-3: Vollständigkeit des Impressums

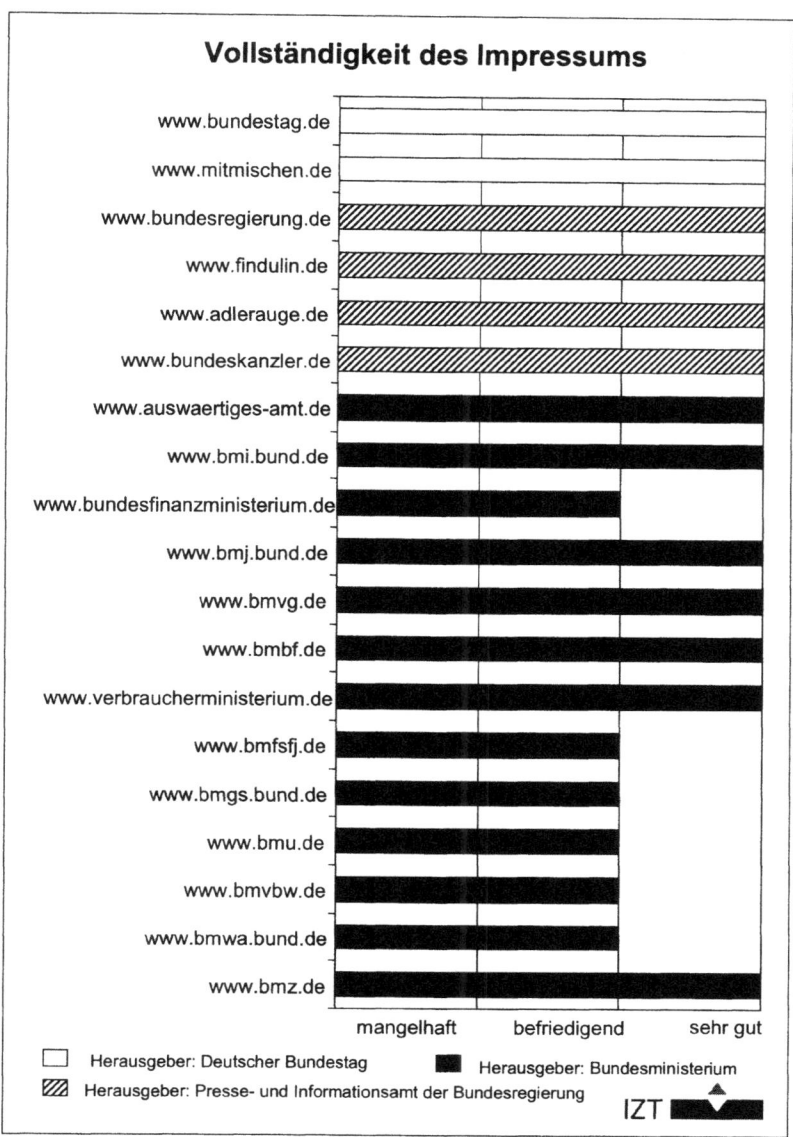

Quelle: IZT – Institut für Zukunftsstudien und Technologiebewertung.

Abbildung 2-4: Technische Leistungsfähigkeit

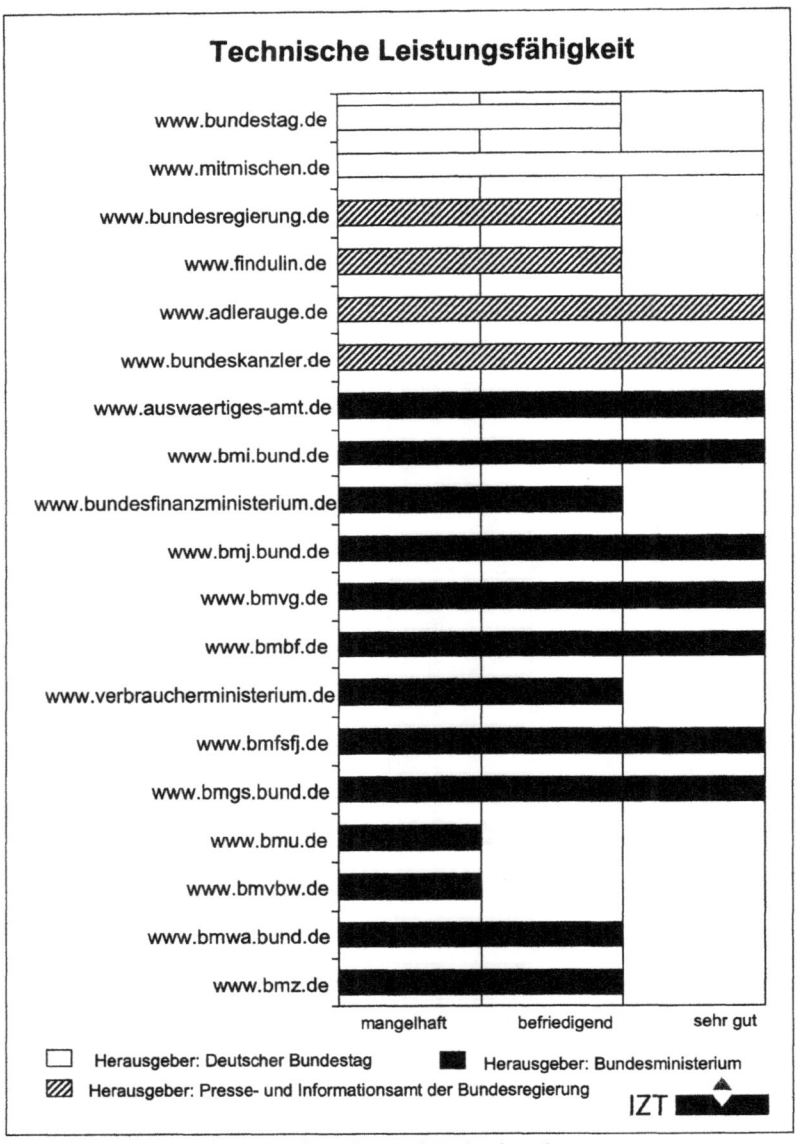

Quelle: IZT – Institut für Zukunftsstudien und Technologiebewertung.

Abbildung 2-5: Behindertengerechte Gestaltung

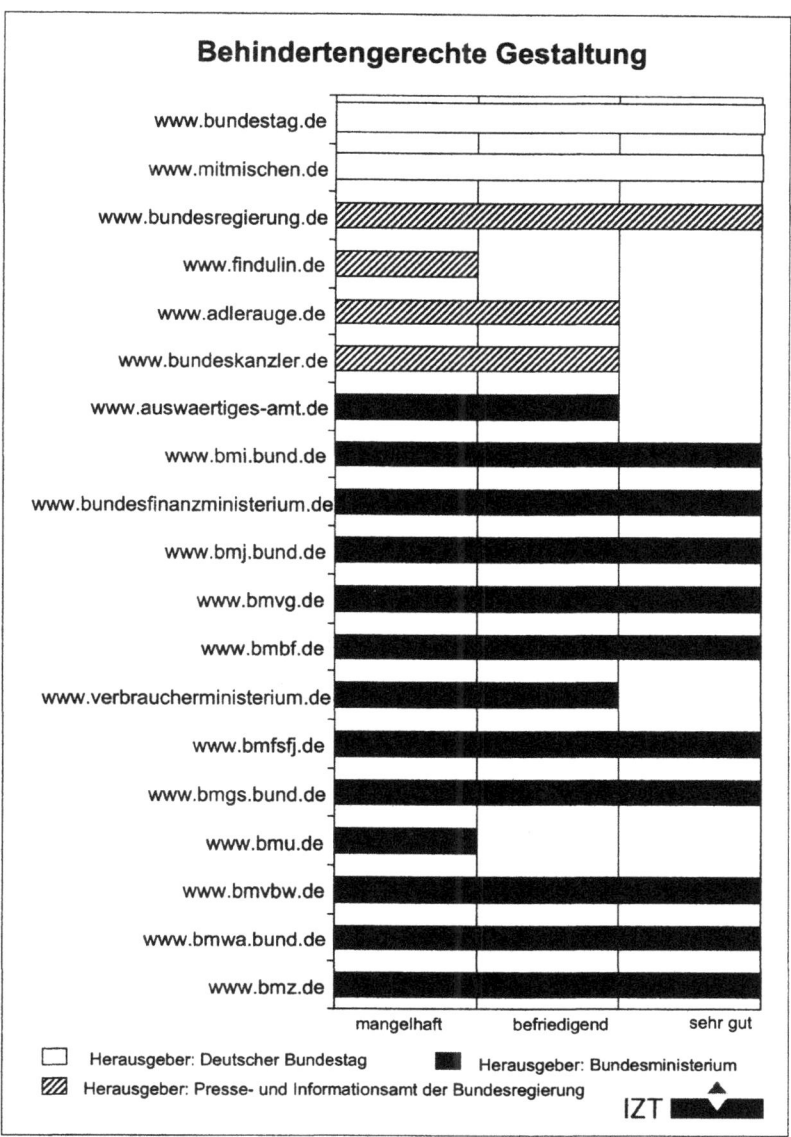

Quelle: IZT – Institut für Zukunftsstudien und Technologiebewertung.

Abbildung 2-6: Gestaltung der Navigation

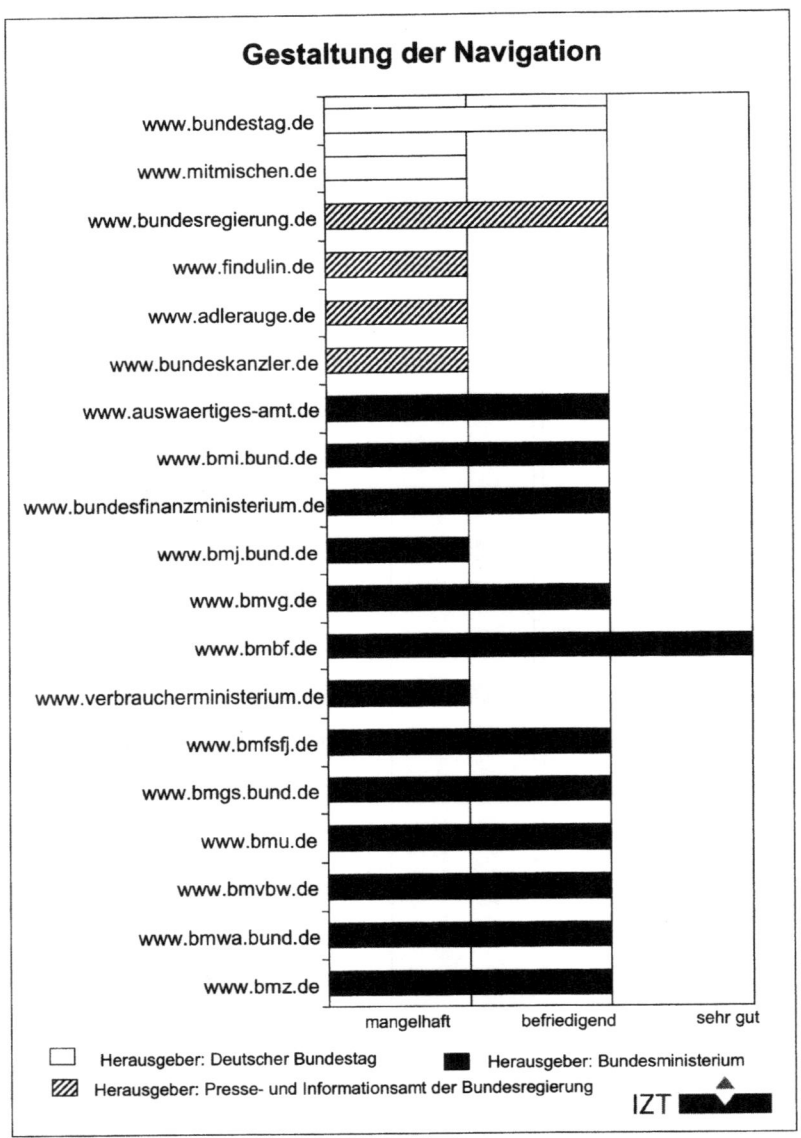

Quelle: IZT – Institut für Zukunftsstudien und Technologiebewertung.

Abbildung 2-7: Leistungsfähigkeit der Suchfunktion

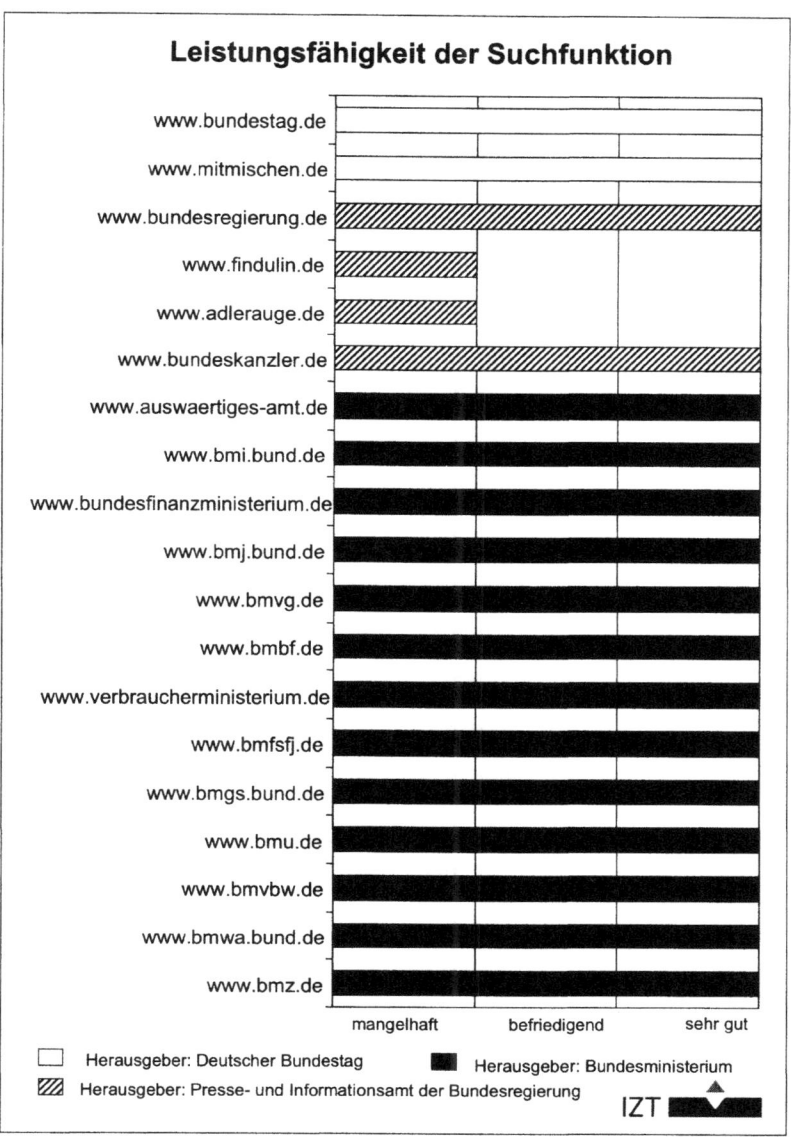

Quelle: IZT – Institut für Zukunftsstudien und Technologiebewertung.

Abbildung 2-8: Suchmaschinenoptimierung

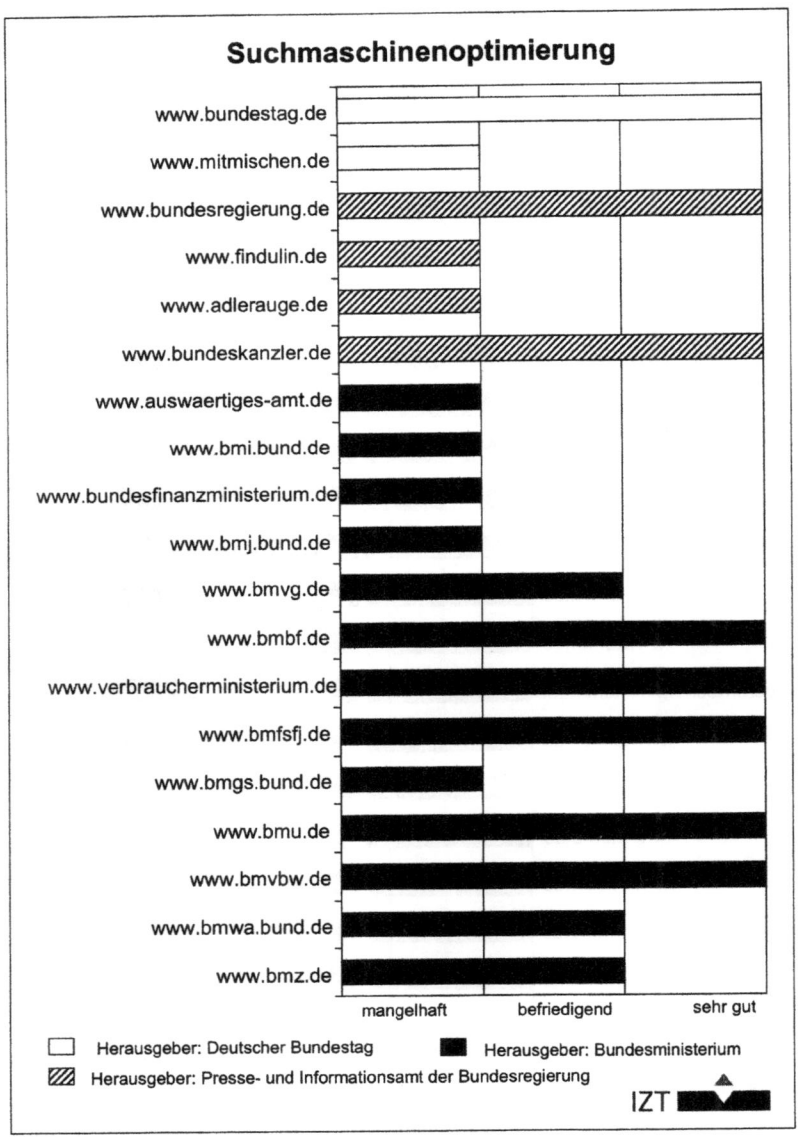

Quelle: IZT – Institut für Zukunftsstudien und Technologiebewertung.

Die Internetredaktionen von Bundestag und Bundesregierung verfolgen im Rahmen ihrer netzgestützten Öffentlichkeitsarbeit unterschiedliche Strategien. So positionieren sich beispielsweise das Bundesministerium für Bildung und Forschung und das Bundesministerium für Wirtschaft und Arbeit mit jeweils 14 Dialogangeboten im Netz. Nicht immer ist damit ein eigenständiges Informationsangebot verbunden. Teilweise verzweigen so genannte Splash-Seiten auf Politikthemen innerhalb des Angebotes des Bundesministeriums (beispielsweise www.mobilfunk-information.de). Andere Ministerien fördern die Öffentlichkeitswirksamkeit von Politikthemen, Förderangeboten oder Konferenzen durch gesonderte Internetangebote (beispielsweise www.freiheit-schmeckt-besser.de des Verbraucherministeriums, www.equal.de des Bundesministeriums für Wirtschaft und Arbeit bzw. www.towards-power.de des Bundesministeriums für Familie, Senioren, Frauen und Jugend). Alternativ bündeln beispielsweise das Bundesministerium des Innern und das Bundesministerium für wirtschaftliche Zusammenarbeit und Entwicklung ihre Informationsangebote unter einer URL (Uniform Resource Locator = Adresse im World Wide Web). Das Auswärtige Amt ist nur mit einem zusätzlichen Angebot zur Fußballweltmeisterschaft 2006 im Internet vertreten.

Abbildung 2-9: Anzahl der von Bundestag und Bundesregierung herausgegebenen Dialogangebote (Anmerkung: In diese Abbildung wurden auch die vier Dialogangebote von Bundestag und Bundesregierung aufgenommen, die erst nach Abschluss der Bewertung durch das IZT identifiziert wurden, vgl. S. 7)

Quelle: IZT – Institut für Zukunftsstudien und Technologiebewertung.

Eine vergleichende Bewertung der 76 Internet-Angebote, die aufgrund ihrer Anbieterkennzeichnung im Rahmen einer Recherche in Suchmaschinen bzw. aufgrund ihrer Vernetzung zu weiteren Internet-Angeboten von Bundestag und Bundesregierung im Internet identifiziert wurden, ergibt deutliche Unterschiede hinsichtlich der Qualität der Informationsangebote. Die Suchmaschinenoptimierung für „Google" wurde beispielsweise für die Mehrzahl der Angebote als „mangelhaft" bewertet. Auch die Navigation ist häufig nicht nutzerfreundlich gestaltet.

Abbildung 2-10: Qualität der Internetangebote von Bundestag und Bundesregierung

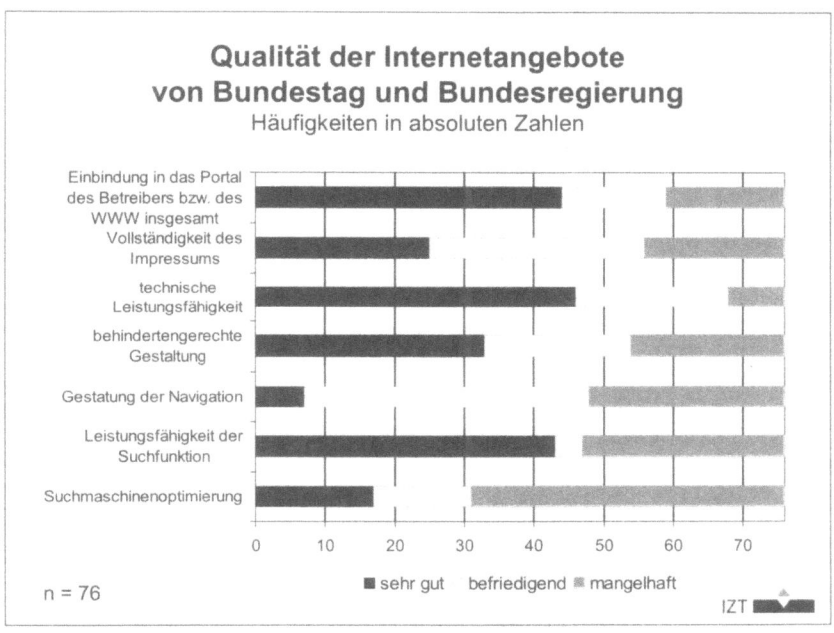

Quelle: IZT – Institut für Zukunftsstudien und Technologiebewertung.

2.4 Schlechte und gute Beispiele von Bundestag und Bundesregierung

www.freiheit-schmeckt-besser.de

Abbildung 2-11: www.freiheit-schmeckt-besser.de

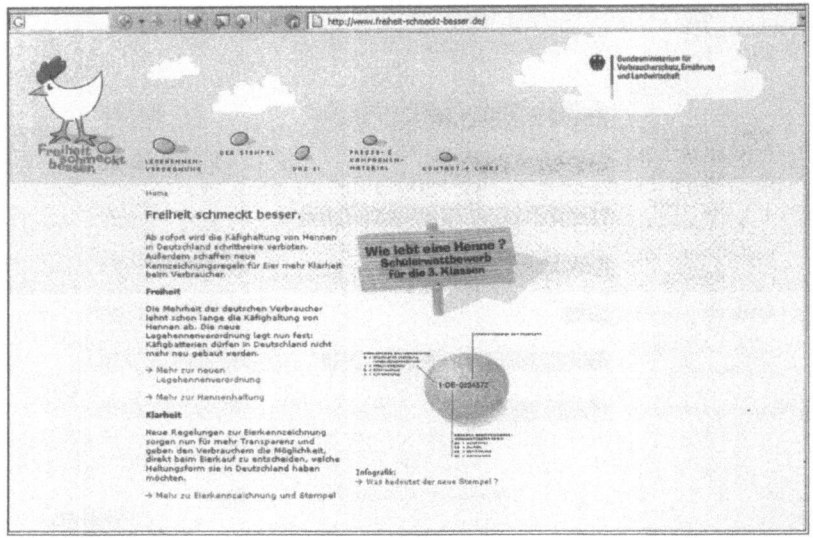

Quelle: Internetangebot des Verbraucherministeriums.

Die Internetpräsenz www.freiheit-schmeckt-besser.de ist ein Angebot des Bundesministeriums für Verbraucherschutz, Ernährung und Landwirtschaft. Das Angebot erhielt im Rahmen der Webseitenbewertung vorwiegend die Beurteilung „befriedigend" bis „mangelhaft".

Folgende Kriterien wurde nicht oder nur mangelhaft erfüllt:

- Das Impressum des Internetangebotes ist zwar vorhanden, allerdings unvollständig. Nicht vorhanden sind wesentliche Angaben, die eine Kontaktaufnahme zum Anbieter gewährleisten (Telefon- und Faxnummer, E-Mail-Adresse und ein namentlich genannter Verantwortlicher mit Angabe des Namens und der Anschrift).

- Die Analyse hinsichtlich einer behindertengerechten Gestaltung zeigt, dass die Navigation nicht durchgängig über alternative Texte verfügt. Auch bei inhaltstragenden Grafiken fehlen oftmals alternative Bildtexte.

- Das Internetangebot verfügt über keine Sitemap, mit der ein Überblick über das gesamte Angebot möglich ist. Die besuchten Links lassen sich farblich nicht von den unbesuchten unterscheiden.
- Die Suchfunktion fehlt. Somit haben die Nutzerinnen und Nutzer nicht die Möglichkeit, das gesamte Informationsangebot gezielt zu durchsuchen.

www.socceringermany.info

Abbildung 2-12: www.socceringermany.info

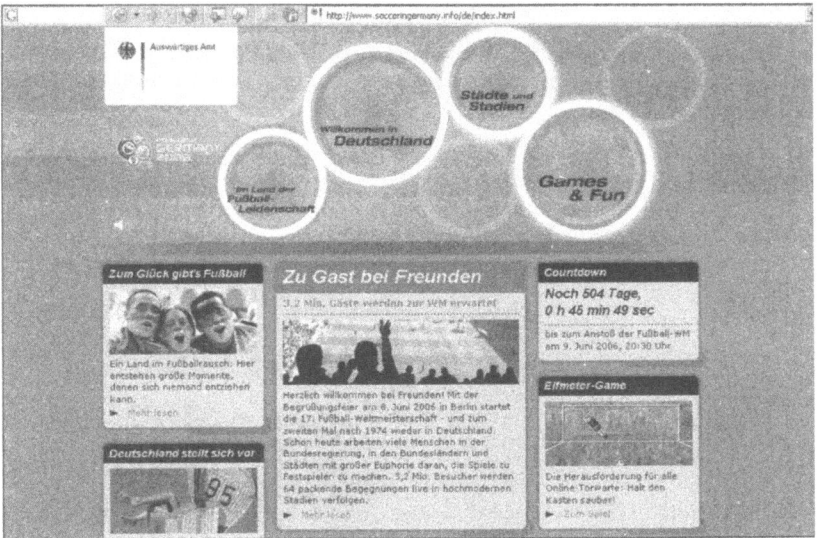

Quelle: Internetangebot des Auswärtigen Amtes zur Fußballweltmeisterschaft 2006 in Deutschland.

www.socceringermany.info ist eine Internetpräsenz des Auswärtigen Amtes zur Fußballweltmeisterschaft 2006 in Deutschland. Sie gehört ebenfalls zu den bewerteten Angeboten, die bei den meisten Bewertungskriterien das Urteil „befriedigend" und „mangelhaft" erhielten.

Folgende Kriterien wurden als negativ bewertet:
- Das Informationsangebot www.socceringermany.info ist sehr schwer von der Hauptseite des Auswärtigen Amtes auffindbar.
- Der Quellcode von www.socceringermany.info verfügt über keine „Keywords" (Schlüsselwörter). Des Weiteren erzielte das Angebot im Google-Page-Ranking ein schlechtes Ergebnis.

- Die Navigation der Seiten ist nicht optimal gestaltet: Eine Kontaktaufnahme wird erschwert, das Kontaktformular hat keine eigene Rubrik, sondern ist unter der Rubrik „Impressum" zu finden. Es existiert keine Sitemap und auch die besuchten Links lassen sich von den unbesuchten Links nicht unterscheiden.
- Dem eigentlichen Internetangebot www.socceringermany.info ist eine Startseite mit Sprachauswahl vorgeschaltet. Erst nachdem man sich für eine Sprache entschieden hat, kommt man zum eigentlichen Informationsangebot. Diese Startseite ist nicht behindertengerecht gestaltet, da die Bilder der Sprachauswahl über keine alternativen Texte verfügen.
- Das Angebot verfügt über keine Suchfunktion. Somit haben die Nutzerinnen und Nutzer nicht die Möglichkeit, das sehr umfangreiche Informationsangebot der Seite zu filtern.

www.bmbf.de

Abbildung 2-13: www.bmbf.de

Quelle: Internetangebot des Bundesministeriums für Bildung und Forschung.

Im Rahmen der Bewertung der Internetseiten erhielt das Bundesministerium für Bildung und Forschung fast durchgängig eine sehr gute Bewertung. Gründe hierfür sind:

- Als besonders positiv wurde u. a. bewertet, dass die Seite sehr übersichtlich gestaltet und gut strukturiert ist. Die Hauptnavigationspunkte unterstreichen die Übersichtlichkeit des Informationsangebotes des Ministeriums (Bildung, Forschung, Innovation, Ministerium, Presse, Service und Bürgertelefon).
- Außerdem ist die Seite nach den aktuellen Richtlinien für behindertengerechte Webseitengestaltung programmiert und somit zugänglich für Menschen mit Sehbehinderungen: Alle inhaltstragenden Grafiken verfügen über alternative Texte, der Rot-Grün-Kontrast ist ausreichend, die Texte sind verständlich und gut gegliedert.
- Die Rubriken Kontakt, Impressum, Sitemap und Suche sind von jeder Seite aus verfügbar und durch die Positionierung am Kopf der Seite sehr leicht auffindbar.

www.mitmischen.de

Abbildung 2-14: www.mitmischen.de

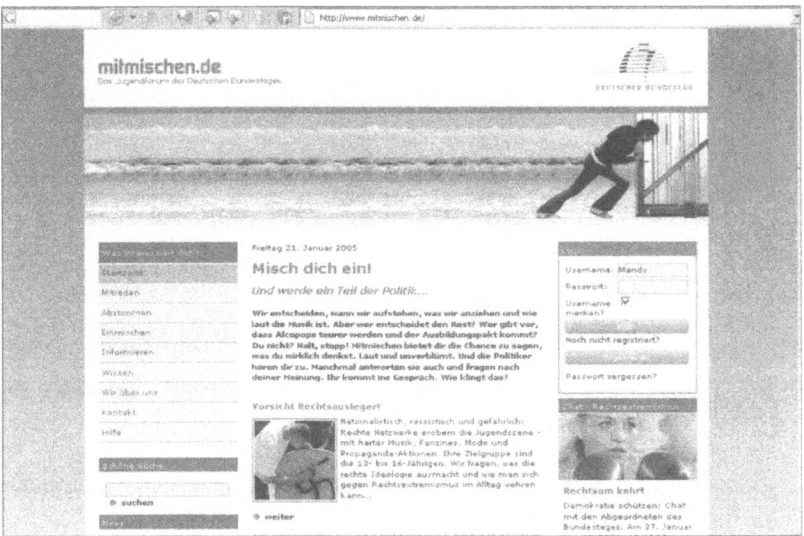

Quelle: www.mitmischen.de (Hrsg. Deutscher Bundestag).

Die Internetpräsenz www.mitmischen.de ist eine Kommunikationsplattform für politisch interessierte Jugendliche und wird vom Deutschen Bundestag herausgegeben. Sie erfüllt fast alle im Rahmen der Analyse untersuchten Kriterien mit „sehr gut" bis „gut".

Als mangelhaft wurde vor allem die Gestaltung der Navigation bewertet. Um sich besser auf den Seiten orientieren zu können, wäre es beispielsweise von Vorteil, eine Sitemap einzubinden, die von jeder Seite aus erreichbar ist.

www.verbraucherschutzkompass.de

Abbildung 2-15: www.verbraucherschutzkompass.de

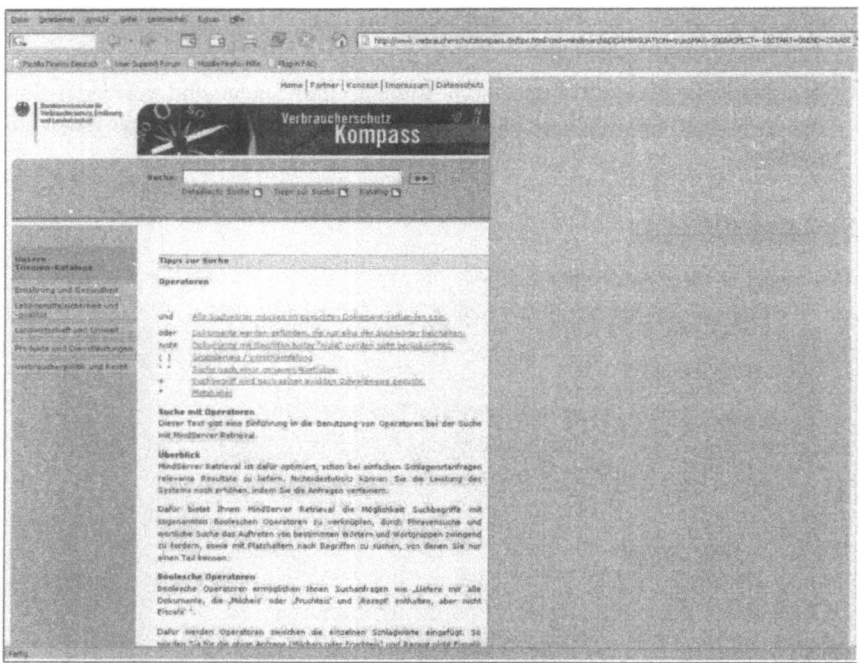

Quelle: Internetangebot des Bundesministeriums für Verbraucherschutz, Ernährung und Landwirtschaft.

www.verbraucherschutzkompass.de ist ein Informationsangebot des Bundesministeriums für Verbraucherschutz, Ernährung und Landwirtschaft.

Dieses Angebot zeichnet sich insbesondere dadurch aus, dass es eine sehr übersichtliche und detaillierte Suchfunktion beinhaltet. Folgende Suchfunktionen werden auf den Seiten www.verbraucherschutzkompass.de angeboten:

- Mit der **detaillierten Suche** kann der Nutzer/ die Nutzerin wählen, welche Dateiformate angezeigt werden sollen (.doc, .pdf, .txt, .html). Außerdem kann man noch Institutionen anklicken, die in die Suche einbezogen werden sollen (z. B: Verbraucherzentralen der einzelnen Bundesländer, Bundesämter, Stiftung Warentest).

- Die **Tipps zur Suche** beinhalten wichtige Hinweise wie die Suche auf dem Internetangebot funktioniert und wie gesucht werden soll, damit man zu einem guten und zufrieden stellenden Suchergebnis gelangt (z. B. Erläuterung von Operatoren und Platzhaltern). Zudem sind die „Tipps" an zentraler Stelle positioniert und somit leicht auffindbar.
- Der **Katalog** ist eine Art Inhaltsverzeichnis der Seiten und gibt einen Überblick, welche Themenschwerpunkte die Seiten beinhalten sind. Außerdem besteht die Möglichkeit, mittels der Funktion des Anklickens eines Themas direkt dorthin zu gelangen.

Darüber hinaus kann die Ergebnisliste der Suche noch verbessert werden, indem nachträglich Schlagwörter hinzugefügt werden können. Diese Schlagwörter werden je nach Thema angeboten (z. B. Aktuell, Langzeitstudie, Lebensmittel, Archiv, Kinder).

www.bundesregierung.de

Abbildung 2-16: www.bundesregierung.de, Beispiel: Impressum

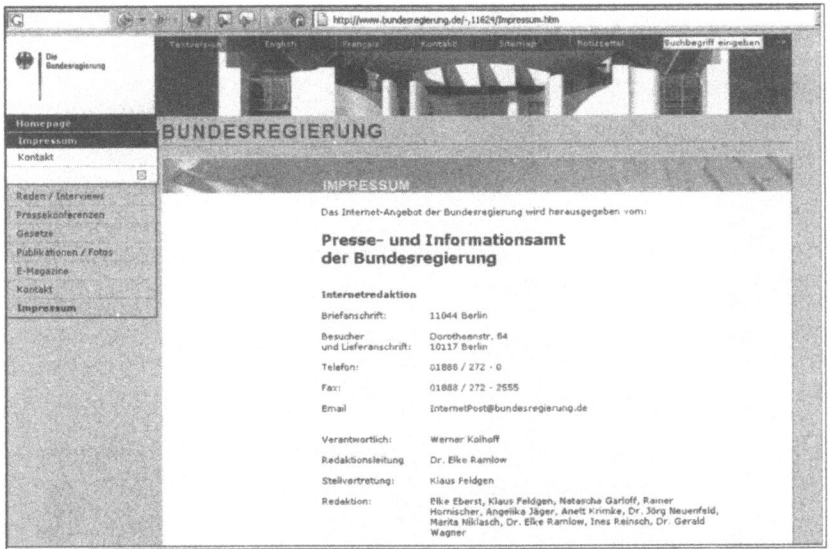

Quelle: Internetangebot herausgegeben vom Presse- und Informationsamt der Bundesregierung.

Als „Gutes Beispiel" zeigt die Abbildung das Impressum der Internetpräsenz der Bundesregierung. Das Impressum zeichnet sich dadurch aus, dass es alle gesetzlichen Vorschriften erfüllt und vollständig ist.

Zu einem vollständigen Impressum gehören:

- der Name des Anbieters,
- die Anschrift des Anbieters,
- die Telefonnummer und/ oder Faxnummer,
- die E-Mailadresse,
- die Nennung eines Verantwortlichen mit Angabe des Namens und der Anschrift.

Allerdings erhielt die technische Leistungsfähigkeit nur eine befriedigende Bewertung, da die Startseite des Angebotes www.bundesregierung.de eine relativ lange Ladezeit aufweist. Dieser negative Faktor ist bei Seiten mit einem sehr umfangreichen Informationsangebot öfters zu beobachten. Die Navigation weist in Teilen auch Schwachpunkte auf, da keine farbliche Unterscheidung der besuchten von den unbesuchten Links möglich ist.

www.bundestag.de

Abbildung 2-17: www.bundestag.de, Beispiel: Sitemap mit Links

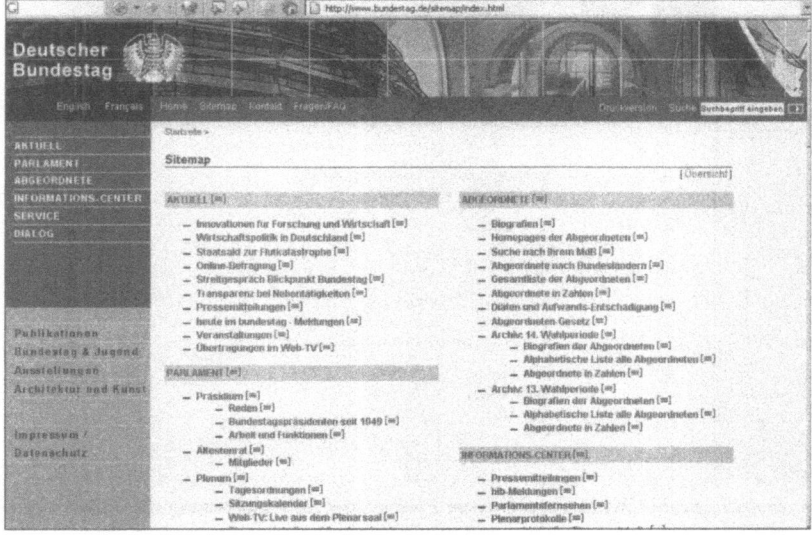

Quelle: Internetangebot des Deutschen Bundestages.

Die Abbildung zeigt als „Gutes Beispiel" die Sitemap der Internetpräsenz des Deutschen Bundestages. Die Sitemap ist das Inhaltsverzeichnis einer Internetseite und sollte auf keiner Internetpräsenz fehlen. Von Vorteil ist es außerdem, wenn die Sitemap als eigene Rubrik aufgeführt und somit von jeder Seite aus erreichbar ist.

Eine Sitemap erleichtert nicht nur Nutzerinnen und Nutzern den Überblick über das Internetangebot und die Navigation innerhalb der Seiten. Sofern die Sitemap Verlinkungen („Links") zu den einzelnen Rubriken aufweist, können auch die Robots der Suchmaschinen diesen Links folgen und das Angebot vollständig erfassen.

Darüber hinaus sind auf der Seite des Deutschen Bundestages alle Dialogangebote unter der Rubrik „Dialog" (siehe Abbildung 2-17) gebündelt. Dies erleichtert allen interessierten Bürgerinnen und Bürgern die Auffindbarkeit von verfügbaren interaktiven Dialogangeboten erheblich. Die Möglichkeit einer farblichen Unterscheidung der besuchten und unbesuchten Links ist auf vielen untersuchten Internetangeboten nicht vorhanden – so auch auf den Internetseiten des Deutschen Bundestages.

2.5 Kommunikationsangebote von Bundestag und Bundesregierung

In einem weiteren Schritt wurden zum Zeitpunkt der Untersuchung öffentlich zugänglichen Kommunikationsangebote der von Bundestag und Bundesregierung herausgegebenen Internet-Angebote erfasst:

Indikatoren zur Erfassung der Kommunikationsmöglichkeiten

> **Angebotene interaktive Dialogformen**: Es wurde geprüft, ob auf den untersuchten Informations-Portalen interaktive Dialogangebote enthalten sind.
>
> **Newsletter/Mailinglisten:** Auf den Portalen von Bundestag und Bundesregierung wurde geprüft, ob Newsletter/Mailinglisten angeboten werden. In einem ergänzenden Bemerkungsfeld wurden die Spezifikationen und Besonderheiten etwaiger unterschiedlicher Newsletter/Mailinglisten aufgenommen (z. B. Newsletter über aktuelle Dinge in Politik und Bundestag, Newsletter über anstehende Abstimmungen, beispielsweise für die Ankündigung von Umfragen).
>
> **Online-Konferenzen**: Es wurde geprüft, ob auf den untersuchten Informations-Portalen Online-Konferenzen angeboten wurden bzw. werden. In einem ergänzenden Bemerkungsfeld wurden die Themen und Laufzeiten der durchgeführten bzw. aktuell laufenden Online-Konferenzen erfasst (z. B. Online-Konferenz mit der Enquete-Kom-

mission „Ethik und Recht der modernen Medizin" zum Thema „Patientenverfügungen).

Diskussionsforen/ Chats: Auf jedem der identifizierten 78 Informations-Portale, die von Bundestag und Bundesregierung herausgegeben werden, wurde zudem geprüft, ob Diskussionsforen oder Chats angeboten wurden bzw. werden. In einem ergänzenden Bemerkungsfeld wurden die Themen, Laufzeiten und beteiligten Akteure der durchgeführten bzw. aktuell laufenden Online-Foren und Chats erfasst. Hierbei wurde – soweit in den Archiven erkennbar – auch recherchiert, ob die Chats und Foren moderiert wurden.

Online-Umfragen: Es wurde geprüft, ob auf den untersuchten Informations-Portalen Online-Umfragen – beispielsweise zur Auswahl „Bundeskanzler: Foto des Jahres 2004" – durchgeführt wurden.

Sonstige (interaktive) Dialogangebote: Dieser Indikator diente dazu, alle diejenigen interaktiven Dialogangebote zu erfassen, die nicht zu den oben benannten Dialogangeboten zählen. Hierzu zählen beispielsweise FAQ - häufig gestellte Fragen und Antworten, Rollenspiele, virtuelle und interaktiv steuerbare Tagesabläufe (z. B. „ein Tag im Bundespresseamt"), gebührenfreie Informations-Hotlines, Akteursnetzwerke sowie Programme zur automatischen Gesprächsführung.

Abbildung 2-18: Internetpräsenzen mit Dialogangeboten von Bundesregierung und Bundestag (ohne sonstige Angebote)

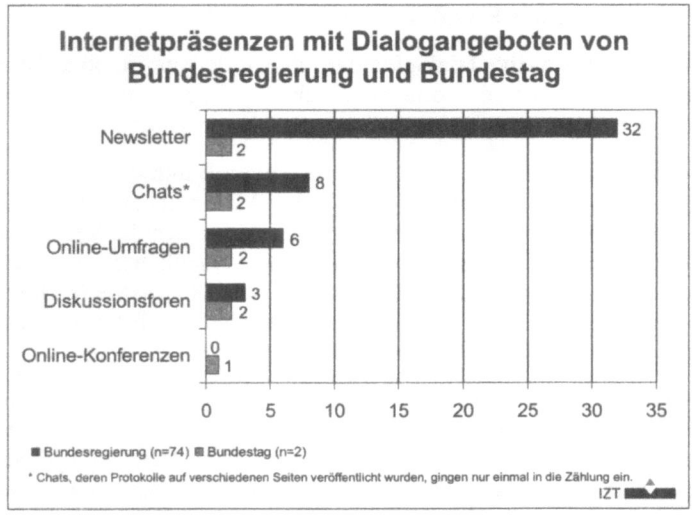

Quelle: IZT – Institut für Zukunftsstudien und Technologiebewertung.

Die Abbildung 2–18 zeigt die vorhandenen Dialogangebote auf den Internetpräsenzen differenziert nach Bundestag und Bundesregierung. Bei der Betrachtung der Ergebnisse muss beachtet werden, dass es sich bei den Angeboten des Bundestages lediglich um zwei Internetpräsenzen (www.bundestag.de und www.mitmischen.de) und bei denen der Bundesregierung um 74 Internetpräsenzen handelt.

3 Stärken und Schwächen, Chancen und Risiken von interaktiven Dialogangeboten

Politische Systeme stehen permanent unter Anpassungsdruck, um die Grundlagen ihrer Existenz zu sichern. Dieser Anpassungsdruck entsteht zum einen auf der Leistungsseite, weil wechselnde Probleme gelöst werden müssen. Zum anderen entsteht dieser Anpassungsdruck für demokratische Systeme auch auf der Input- oder Prozessseite, weil beständig Legitimität auch dadurch geschaffen werden muss, dass echte Teilhabechancen für Bürgerinnen und Bürger eröffnet werden. Auf der Inputseite des demokratischen Prozesses stehen Bürgerinnen und Bürger, die in steigendem Maße an politischen Entscheidungen beteiligt und „Subjekt des eigenen Handelns" sein wollen (Klages, 1999). Wenn Demokratien ihre Existenzgrundlage, zu der die Akzeptanz bei Bürgerinnen und Bürgern als zentrales Element gehört, nicht untergraben wollen, dann müssen sie Antworten auf diese Partizipationsbedürfnisse finden. Der aktiv gewordenen Bürgerschaft müssen Räume geöffnet werden, in denen sich die „Bürgergesellschaft", die auch das Leitbild des „aktivierenden Staates" anstrebt, entfalten kann. (Schnapp, 2004) Es stellt sich die Frage, ob und inwieweit die neuen Informations- und Kommunikationstechnologien sowie die politischen Dialogangebote einen Beitrag zum Abbau des daraus resultierenden Legitimationsdefizits leisten können.

Die heutigen westeuropäischen Gesellschaften werden in ihrer Entwicklung immer mehr vom Austausch von Informationen und Wissen sowie von der kommunikativen Vernetzung bestimmt. Informationsgesellschaft bedeutet nicht nur eine veränderte Form der Ökonomie, sondern auch einen tief greifenden Wandel in den kommunikativen Strukturen der Gesellschaft. (Behler, 2001) Informations- und Kommunikationstechnologien bilden eine neue Infrastruktur für die Kommunikation, das World Wide Web (WWW) hat sich mit hoher Relevanz für den Bereich der Politik als eine Art elektronischer Öffentlichkeit bereits etabliert. Dies bestätigen auch die vorliegenden Ergebnisse im Hinblick auf die untersuchten Dialogangebote von Bundestag und Bundesregierung.

Gleichwohl bleibt zu konstatieren, dass die Möglichkeiten neuer Medien in anderen Ländern – vor allem in den USA und Großbritannien – im Vergleich zu Deutschland bisher umfassender genutzt werden, um eine größere Bürgernähe herzustellen und auch Sachverstand und Sichtweisen von externen Personen in die Arbeit der politischen und administrativen Institutionen einzuholen. Die ausländischen Erfahrungen – beispielsweise im Zusammenhang mit Online-Anhörungen – verweisen auf eine hohe Zufriedenheit mit der Qualität und Konstruktivität der Diskussionen. (Trénel, 2004)

Stärken und Schwächen der (interaktiven) Online-Dialogangebote

Die Stärken der Dialogangebote von Bundestag und Bundesregierung für eine Unterstützung deliberativer Politik liegen vor allem in den folgenden Bereichen:

1. Eine besondere Stärke der Dialogangebote liegt in der **Bereitstellung politischer Informationen** für die Bürgerinnen und Bürger. Die in den vergangenen Jahren in ihrem Umfang deutlich gewachsenen Dialogangebote ermöglichen den Zugriff auf die bereitgestellten Informationen 24 Stunden am Tag und sieben Tage in der Woche. Zudem wird deutlich, dass sich die Informations-Portale von Bundestag und Bundesregierung durch eine stärkere Dienstleistungsorientierung auszeichnen (z. B. Angebot an differenzierten Mailinglisten, FAQ – Frequently Asked Question-Kataloge). Die Informationsangebote unterstützen Beratung von Politik dadurch, dass sie zu einer verbesserten Informationsbasis der Bürgerinnen und Bürger beitragen.

2. Auch wenn die Seiten vorwiegend „Umschlagplatz für Informationen" sind, so wird im Rahmen der Dialogangebote von Bundestag und Bundesregierung auch über aktuelle politische Themen, Wissen und Werte, über Befindlichkeiten, Befürchtungen, Ängste, über Lebensentwürfe und über die Zukunft von Gesellschaft kommunikativ verhandelt. Die **Bereitstellung von politischen Kommunikationsangeboten** in Form von Chats, Foren und Online-Konferenzen zwischen Bürgerschaft, Politikerinnen und Politikern sowie Verbänden führt zu einer Vielzahl von (bislang nicht oder nicht im selben Maße) erschlossenen Teilöffentlichkeiten. Die kommunikativen politischen Angebote werden zu einem Medium öffentlicher Diskussion und eigenständiger politischer Willensbildung. Sie und tragen insofern zu einem deliberativen Politikstil bei.

3. Die elektronischen Dialogangebote setzen in Teilen bestehende **Hierarchien und traditionelle Gatekeeper außer Kraft**. Die horizontale Vernetzung von Erfahrung, Wissen und Kompetenz nimmt zu und konterkariert die vertikale Ordnung der Gesellschaft. Sie ermöglicht, aber erfordert auch mehr Kooperation und wechselseitige Koorientierung. Die etablierte Trennung von Professionellen und Laien sowie zwischen Produktion und Konsumtion bei der Verteilung von Diskursen und des Austausches von individuellen Weltinterpretationen werden tendenziell aufgehoben.

In den untersuchten Online-Foren sind in erster Linie die Argumente bzw. der aktiv geäußerte Wissensbeitrag und nicht die gesellschaftlichen Stellungen relevant. Der unterschiedliche soziale Status von Teilnehmerinnen und Teilnehmern spielt – schon alleine aufgrund der in Teilen anonymisierten Diskussion – im untersuchten virtuellen Raum eine vergleichsweise geringe Rolle. Auch dies unterstützt einen deliberativen Politikstil. Auffallend ist, dass in den von uns untersuchten Foren keine Vertreterinnen und Vertreter traditioneller publizistischer Medien aktiv teilgenommen haben.

4. Die Diskussionen in Chats und Foren verlaufen in der Regel **sachlich und argumentativ**. Die untersuchten Chats und Online-Foren sind innerhalb der diskutierten Themen offen. Die Online-Dialogangebote sind auf Interaktion angelegt. Jede Aussage kann in Frage gestellt und kommentiert, erweitert, ergänzt, korrigiert oder geändert werden. Von dieser Möglichkeit wird vor allem in den untersuchten Foren umfassend Gebrauch gemacht. Vertrauen wird zunehmend Kommunikationssache, gründet sich nicht auf dem Prinzip des Gehorsams gegenüber Autoritäten, sondern – ganz im Sinne der Deliberation – auf dem Prinzip der Möglichkeit kritischer Reflexion.

Aus individueller Sicht von Politikerinnen und Politikern treten weitere Stärken politischer Dialogangebote ins Blickfeld:

1. Interaktive Dialogangebote können als Beispiele für die Modernität gelten und stellvertretend für das „Auf der Höhe der Zeit sein" durch Nutzung von moderner Technologie. Die Teilnahme an Chats, Foren oder Online-Konferenzen dient einem Teil der Politikerinnen und Politiker daher auch der **Imagepflege**.

2. Die in den Chats, Foren und Online-Konferenzen präsenten **Teilöffentlichkeiten** der Bürgerschaft bieten den beteiligten Politikern und Politikerinnen sowie anderen gesellschaftlichen Entscheidungsträgern die Möglichkeit, **gesellschaftsrelevante Themen und Trendlinien** und entsprechende Informationen aus den Beiträgen „herauszuhören", „sich auf eine andere Denke einzulassen", die „Bodenhaftung zur Basis nicht zu verlieren","die Sicht- und Sprachweise bestimmter politischer Zielgruppen zu verstehen und mehr Verständnis für andere Sichtweisen aufzubringen". Die interaktiven Dialogangebote sind unter Gesichtspunkten der Deliberation sowohl einem kommunikativen als auch inhaltlichem Lernen zuträglich.

Die Schwächen der Dialogangebote von Bundestag und Bundesregierung für eine Unterstützung bürgernaher Politik liegen hingegen vor allem in den folgenden Bereichen:

1. Für die beteiligten Bürgerinnen und Bürger besteht im Hinblick auf die Verwertung der Dialoginhalte und -ergebnisse in den untersuchten Online-Foren eine **geringe bzw. gar keine Transparenz**. Die Ziele der untersuchten interaktiven Dialogangebote werden in der Regel nicht explizit formuliert und sind den Teilnehmerinnen und Teilnehmern daher in der Regel nicht bekannt. Dies ist mit den Zielen einer Deliberation grundsätzlich nicht vereinbar.

2. Die übergeordneten Themen der interaktiven Dialogangebote werden durch die politischen Instanzen bzw. die Verwaltung vorgegeben. Das etablierte **Agenda Setting** wird daher nicht außer Kraft gesetzt. Einzige Ausnahme ist das Angebot von „mitmischen.de", bei dem die registrierten Teilnehmerinnen und Teilnehmer Themen für einen vertiefenden Dialog auswählen können.

Die Politikfelder für interaktive Online-Dialogangebote sind gleichwohl grundsätzlich themenübergreifend denkbar. Einschränkungen werden bei Themen gemacht, die politisch brisant sind (z. B. Hartz IV), vorwiegend populistisch abgehandelt werden oder die sich dazu eignen, Emotionen gegen Minderheiten zu schüren.

3. Interaktive Dialogangebote werden **als Instrument der Öffentlichkeitsarbeit**, weniger als **Instrument der verbindlichen politischen Partizipation** eingesetzt. Eine effektive Ankopplung an die Entscheidungskommunikation bzw. die politische Arbeit von Bundestag und Bundesregierung fehlt bislang. Eine Integration der Kommunikationsvorgänge und -ergebnisse in tatsächliches politisches Handeln ist nicht beabsichtigt bzw. bleibt fraglich. Auch sind politisch Verantwortliche manchmal zwar mit einleitenden Positionspapieren präsent, fehlen dann aber zum Teil als aktive Dialogpartner (z. B. Kanzlerforum „Erfurt").

4. Komplexe politische Diskussionen werden erschwert, weil im Vordergrund der Online-Foren die Sammlung von Argumenten und im Vordergrund der Chats die Beantwortung von Fragen steht. Komplexe Zusammenhänge werden zum Teil drastisch reduziert, somit besteht die **Gefahr der Trivialisierung**. Vor allem bei den Online-Chats können meist nur kurze Aussagen ausgetauscht werden. Bei einer hohen Beteiligung/ Sprech(Chat)frequenz entstehen nicht selten Situationen, in denen der Überblick verloren geht. Die Diskussion kann schnell unübersichtlich werden. Dies führt dazu, dass eine hohe Konzentration aufgebracht werden muss, um den Beiträgen zu folgen. Bei einer großen Geschwindigkeit des Informationsaustausches wird ein konzentriertes Nachdenken und reflektiertes Diskutieren erschwert bzw. unmöglich gemacht.

5. Die untersuchten Online-Foren und Chats sind in der Regel **schwach strukturiert und nicht bzw. nur marginal moderiert**. Es werden keine Zusammenfassungen und Analysen der abgeschlossenen Dialogangebote erstellt, in denen für die Beteiligten (später) sichtbar werden könnte, wo und wie ihre Beiträge politisch genutzt werden.

6. Es fehlen **Definitionskriterien hinsichtlich der Güte und der Stringenz** von Argumenten bzw. Moderationsfunktionen zur Strukturierung der Diskussionen. Dadurch wird nicht zwischen Meinung, Vorurteil und Fakten sowie zwischen logisch konsistenter („wissenschaftlich seriöser") Argumentation und rein assoziativ/sprunghafter kognitiver Vorgehensweise unterschieden. Der Diskurs kann sich in relativer Beliebigkeit verlieren.

7. Hauptcharakteristik eines deliberativen Politikstils ist die **regelmäßige Interaktion** zwischen Verwaltung, einzelnen Bürgern und Bürgergruppen sowie politischen Entscheidungsgremien bei der Vorbereitung politischer Entscheidungen und deren Umsetzung. Die interaktiven Dialogangebote von

Bundestag, Bundesregierung bzw. Verwaltung werden bislang zwar immer wieder, aber nicht regelmäßig durchgeführt (z. B. jeden ersten Montag im Monat). Hierdurch ist die Beteiligung der Bürgerschaft davon abhängig, ob und inwieweit die Teilnehmerakquisition bzw. die Vermarktung der interaktiven Dialogangebote erfolgreich geplant und durchgeführt wird.

Chancen und Risiken von (interaktiven) Online-Dialogangebote

Die Chancen der Dialogangebote von Bundestag und Bundesregierung für eine Unterstützung deliberativer Politik liegen vor allem in den folgenden Bereichen:

1. Mit interaktiven Dialogangeboten ergeben sich in der politischen Kommunikation zwischen den Akteuren der Parlamente, Regierungen, Parteien und Administrationen auf der einen Seite und der politisch interessierten Öffentlichkeit auf der anderen Seite grundsätzlich Möglichkeiten für einen breiteren und intensiveren Informations- und Kommunikationsfluss sowie Chancen für ein Mehr an Partizipation.

2. Kommunikative Defizite zwischen Politik und Bürgerinnen und Bürgern können durch interaktive Dialogangebote tendenziell abgebaut werden (Stichworte: Politikverdrossenheit, „Kluft" zwischen Bürgern und Politik). In diesem Zusammenhang erwarten die Bürgerinnen und Bürger in den Online-Foren allerdings ein klares Feedback seitens der Politik, ob und in welcher Form ihre Anregungen zur Kenntnis genommen und weiterverarbeitet werden.

3. Chats eröffnen Bürgerinnen und Bürgern die Möglichkeit, gezielt Fragen an Politikerinnen und Politiker bzw. Expertinnen und Experten zu richten. Die chattypischen Paarsequenzen von Fragen und Antworten ermöglichen die direkte Resonanz auf inhaltliche Fragen, persönliche Problemlagen bzw. Meinungsäußerungen.

4. Die politisch Verantwortlichen können die Beiträge der interaktiven Dialogangebote als kreativen Input in ihre Überlegungen einfließen lassen. Es ließe sich auch bei „heißen" Planungen (z. B. Hartz IV) von den Verantwortlichen ermitteln, wie ein Teil der Bevölkerung auf die Problemlösungsstrategien und -maßnahmen reagiert, um danach zu entscheiden, ob eine weitere Beschäftigung im Sinne der geplanten Vorgaben politisch sinnvoll ist und auf Akzeptanz stößt.

5. Interaktive Dialogangebote ersetzen nicht die klassischen Formen politischer Kommunikation, substituieren sie aber partiell und erlauben neue Formen des Austauschs. Die spezifischen Eigenschaften des Internets führen dazu, dass in den interaktiven Online-Dialogangeboten Menschen und Wissensträger mit den unterschiedlichsten Lebenshintergründen zusammen kommen (z. B. im Hinblick auf die räumliche Verortung oder hinsichtlich der fachlichen,

professionellen und persönlichen Hintergründe, Einstellungen und Lebensstile) so dass ein kommunikativer Austausch zwischen Menschen stattfindet, der im realen Leben nie zustande kommen könnte und würde. Sie leisten somit in dem Sinne einen Beitrag zu deliberativer Politik, als dass sie zur Bildung von gesellschaftlichem Bewusstsein und politischer Willensbildung beitragen.

6. Die Kommunikation auf der Grundlage interaktiver Online-Dialogangebote kann im Gegensatz zu traditionellen Kommunikationsformen auch anonym stattfinden. Somit können auch Wissensbestände expliziert werden, die bei personalisierter Kommunikation möglicherweise nie geäußert würden.

7. Das Auffinden von Interessierten und Experten kann durch das Angebot und durch die öffentlich zugängliche Archivierung interaktiver Online-Dialogangebote gesamtgesellschaftlich erleichtert werden.

8. Dialogangebote können als Möglichkeiten des politischen Protests und zur Affektabfuhr dienen, die verhindern, dass unerwünschte Artikulations- und Aktionsformen gewählt werden.

Risiken von interaktiven Dialogangeboten

Die Risiken der Dialogangebote von Bundestag und Bundesregierung für eine Unterstützung deliberativer Politik liegen vor allem in den folgenden Bereichen:

1. Durch Kommunikation werden Menschen prinzipiell an der Gesellschaftlichkeit von Erfahrungen, Wissen und Problemen beteiligt und in deren Verantwortung gezogen. Kommuniziertes Wissen verpflichtet hinsichtlich Inhalt und Bedeutung. Wissen durch Kommunikation ist in Grenzen immer auch moralisch verpflichtend. Wegschauen, Verweigern, Verschweigen ist die Kommunikation der bewussten oder ignoranten Missachtung. (Bauer, 2004, S. 10)

Solange aber die Inhalte und Ergebnisse der interaktiven Dialogangebote von Bundestag und Bundesregierung nicht in den politischen Prozess der Entscheidungsbildung einfließen, keine Transparenz über die Verwertung besteht und geweckte Hoffnungen auf politische Partizipation somit nicht erfüllt werden, kann dies eher zu einem weiteren Vertrauensverlust in die Politik und politisch Verantwortlichen führen. Durch mangelndes Feedback seitens der Verantwortlichen kann die „Politikverdrossenheit" der Nutzerinnen und Nutzer von Online-Dialogangeboten noch vergrößert werden. Das heißt: Statt erhöhter Partizipation kommt es in Wirklichkeit nur zu einer Vorspiegelung derselben.

2. Stimmungs- und Meinungsbilder, die in Chats, Foren oder Online-Konferenzen geäußert werden, sind nicht repräsentativ. Es besteht die Gefahr, dass

Politik schnelle Entscheidungen oder auch Meinungsänderungen aufgrund einer hohen Anzahl (ggf. spontaner und unreflektierter) Meinungsbilder trifft.

3. Trivialisierung der Politik: Die hohe Geschwindigkeit und Flüchtigkeit der Kommunikation kann zu einer Trivialisierung politischer Abläufe führen.
4. Es ist nicht auszuschließen, dass die unklare Herkunft mancher Informationen zu (weiteren) Vertrauensverlusten in die Politik bzw. die politisch Verantwortlichen führen kann. Deshalb ist es unabdingbar, dass auf allen Homepages die medienrechtlich Verantwortlichen genannt werden.
5. Durch interaktive Dialogangebote können politisch ungewollte und gefährliche Diskussionen sowie problematische Solidarisierungseffekte losgetreten werden. Auch besteht durch die mögliche Anonymität grundsätzlich die Gefahr, dass kriminelle oder extremistische Gruppen interaktive Dialogangebote für eine effektive und kostengünstige Verbreitung ihrer Inhalte zu Propagandazwecken nutzen.
6. Solange nicht sichergestellt ist, dass gleiche Zugangsvoraussetzungen für alle bestehen, könnte der Eindruck eines Ausschlusses durch Technologie bei denjenigen Bevölkerungsteilen entstehen, die nicht online sind. Aber auch faktisch besteht die Gefahr, dass die digitale Spaltung in der Gesellschaft weiter forciert wird, wenn große Teile der Bevölkerung nicht über hinreichende Kompetenzen im Umgang mit neuen Medien bzw. über keinen Zugang zu diesen Medien verfügen und dadurch von bestimmten politischen Informations- und Teilhaberechten ausgeschlossen werden (polare Teilung der Gesellschaft in „Informierte" und „Uninformierte"). Der Erwerb von Medienkompetenz ist daher eine vorrangige politische Bildungsaufgabe.

4 Vertiefende Untersuchung von ausgewählten interaktiven Online-Dialogangeboten

4.1 Auswahl der interaktiven Online-Dialogangebote

Aus forschungsökonomischen Gründen konnten nicht alle bestehenden interaktiven Online-Dialogangebote von Bundestag und Bundesregierung mit ihren zahlreichen Beiträgen in die detaillierte Untersuchung einbezogen werden. In enger Abstimmung mit dem TAB wurden beispielhafte Angebote der Formate Online-Chat und Online-Forum für eine vertiefende Untersuchung ausgewählt, um die Stärken und Schwächen sowie die Chancen und Risiken von Online-Dialogangeboten für die Modernisierung und Gestaltung des demokratischen Kommunikationsprozesses im Sinne eines deliberativen Politikstils zu analysieren und zu bewerten. Eine Übersicht aller interaktiven Dialogangebote im Bereich der Formate Chat, Forum und Online-Konferenz, die auf den untersuchten Informations-Portalen von Bundestag und Bundesregierung öffentlich zugänglich sind, befindet sich im Anhang dieser Veröffentlichung.

Für die vertiefende Untersuchung wurden die folgenden Online-Dialogangebote ausgewählt:

Online-Chats

Die Auswahl der Online Chats umfasst zwölf Beispiele für Dialogangebote, die über die Internet-Portale von Bundestag und Bundesregierung angeboten und deren Protokolle dort archiviert wurden. Basis der Auswahl bilden neben der Aktualität sowohl die Einbeziehung unterschiedlicher Akteure als Gesprächspartnerinnen und -partner (Politikerinnen und Politiker, sonstige Expertinnen und Experten) sowie die Anlässe für die Durchführung der Chats (entweder als Reihe von Veranstaltungen beispielsweise im Rahmen des „Dialog Nachhaltigkeit" der Bundesregierung oder als Events anlässlich von Konferenzen oder Messen). Das dritte Kriterium bildet die thematische Auswahl von Chats unterschiedlicher Anbieter zu einem Thema. Ausgewählt wurde hier das Thema „Urheberrecht" am Beispiel eines Chats mit Bundestagsabgeordneten und Experten aus der Musikbranche sowie eines weiteren Chats mit Expertinnen und Experten des Bundesjustizministeriums.

Online-Foren

In der Gruppe der Online-Foren wurden insgesamt drei Foren inhaltsanalytisch näher untersucht. Hierzu zählen die Foren:

1. **"Konsequenzen aus der Gewalttat von Erfurt – Eindämmung von Gewaltdarstellung in Medien"**, das zwischen dem 9.05.2002 und dem 21.05.2002 als ein Unterforum zum Kanzlerforum vom Presse- und Informationsamt der Bundesregierung (Internetredaktion) durchgeführt wurde. Dieses Online-Forum wurde vor allem deshalb ausgewählt, weil es ein Laienforum ist.
(http://forum.bundeskanzler.de/showthread.php?s=a3f4454c21f521406ef0be 790eacb152&threadid=2, Abruf vom 30.11.2004)

2. **"Präimplantationsdiagnostik (PID)"** der Enquete-Kommission der 14. Legislaturperiode **"Recht und Ethik der modernen Medizin"**, das zwischen dem 16.02.2001 und dem 30.03.2001 auf den Seiten des Deutschen Bundestags gelaufen ist. Dieses Online-Forum wurde vor allem deshalb ausgewählt, weil es ein sehr fachspezifisches Laienforum ist.
(http://www.bundestag.de/dialog/forum/enquete_medizin_archiv/index.html, Abruf vom 30.11.2004)

3. **"Urheberrecht"** des Jugendportals vom Deutschen Bundestag **www.mitmischen.de**, das zwischen dem 09.07.2004 bis zum 21.10.2004 stattgefunden hat. Dieses Online-Forum wurde vor allem deshalb ausgewählt, weil es ein zielgruppenspezifisch ausgerichtetes Forum für Jugendliche ist.
(http://www.mitmischen.de/topic_forum.php?PHPSESSID=9fa4ba71b662e7 ca7c6b0bdad23759a1&topicId=3309, Abruf vom 30.11.2004)

4.2 Bewertungskriterien

Zum besseren Verständnis der Vorgehensweise und Ergebnisse werden die in der Untersuchung verwendeten Indikatoren definiert. Dabei soll die Analyse der ausgewählten Online-Dialogforen die folgenden Themenbereiche berücksichtigen:

Übergreifende Indikatoren

Unter **Zeitraum und Dauer der untersuchten interaktiven Dialogangebote** wird die Angabe des Zeitraums verstanden, in dem die Teilnehmenden die Möglichkeit hatten, Beiträge einzustellen. Ergänzend wird die Anzahl der diesbezüglichen Wochentage ermittelt. Die **Anzahl der aktiven Teilnehmerinnen und Teilnehmer** bezieht sich auf diejenige Personengruppe, deren Mitglieder selbst eigene Beiträge in das Forum bzw. den Chat eingespeist haben. Demgegenüber konnte die Anzahl der passiven Teilnehmerinnen und Teilnehmer nicht ermittelt werden, da hierzu keine Auswertungen verfügbar waren. Unter **Anzahl der Beiträge** wird die Anzahl der im Forum insgesamt wie auch die durchschnittliche Anzahl der Beiträge pro Teilnehmerin oder Teilnehmer verstanden. Beim letzten übergreifenden Indikator, „**zeitlicher Verlauf des Einstellens von Beiträgen**", welcher die strukturellen Veränderungen bzgl. der Indikatorenverteilung wie auch (hauptsächlich) der Teilnahmeintensität bzw. der Menge der eingestellten Beiträge im zeitlichen Voranschreiten des Forums behandelt.

Charakterisierung der Akteure anhand von Selbstdarstellung

Für die Anerkennung politischer Meinungsäußerungen im Internet spielt die Unterscheidung zwischen „öffentlicher" und „anonymer" Kommunikation eine wesentliche Rolle. Daher wurden zur Erfassung dieses Bereichs die folgenden drei Indikatoren (mit ihren jeweiligen Ausprägungen) gewählt:

1) **Name (Namensgebung):** Dieser Indikator bezieht sich auf die Selbstdarstellung eines Beitragserstellers, die dieser in der Fuß- und/oder Kopfzeile seines Beitrags oder bei der Anmeldung angibt. Die Grundgesamtheit enthält die Anzahl der Beiträge insgesamt innerhalb eines Forums bzw. Chats. Jeder einzelne Beitrag wird in die Auszählung aufgenommen. Hierbei wurden sechs verschiedene Ausprägungen unterschieden:

   1. **Vorname:** Diese Indikatorausprägung bezieht sich auf die reine Nennung des Vornamens, ggf. auch als Verkürzung wie bei einem Kosenamen.

   2. **Nachname:** Die zweite Indikatorausprägung bezieht sich auf die reine Nennung des Nachnamens. Es werden jedoch auch Einträge zusortiert, die aus Nachnamen und dem ersten Buchstaben vom Vornamen bestehen (z. B. Schmidt, H.).

   3. **Nachname und Vorname:** Bei dieser Indikatorenausprägung werden Vor- und Nachname zusammen genannt.

   4. **Name und Titel:** Bei dieser Indikatorenausprägung werden Nachname und ggf. Vorname zusammen mit einem akademischen Titel/Grad genannt (z. B.: Prof. G. Hecker, Prof. Hecker, Dr. Hecker, Dipl.-Ing. Hecker).

   5. **Pseudonym:** Die fünfte Indikatorausprägung bezieht sich auf die Nennung eines Pseudonyms, z. B. aus den Bereichen Fantasy, Film, Hobby, Geschichte etc. Hierbei ist die Zuordnung zu dieser Ausprägung unabhängig davon, ob das Pseudonym mit oder ohne Themenbezug zum Forum gewählt wird. Auch die Nennung eines Pseudonyms und des Vornamens führt zur Einordnung des Beitrags unter diese In-

dikatorenausprägung, da eine solche Kombination die Anonymität des Beitragserstellers sichert und mit der Kreierung des Pseudonyms ein höherer Aufwand verbunden ist als mit der reinen Nennung des Vornamens.

6. **Sonstiges:** Die letzte Indikatorenausprägung erfasst alle diejenigen Beiträge, die unter die fünf vorhergehenden Ausprägungen nicht subsummiert werden können.

2) **Geschlecht:** Dieser Indikator bezieht sich auf die geschlechtliche Selbstdefinition der Teilnehmenden an einem Internet-Dialogangebot. Auch diese ergibt sich aus der Analyse der Selbstdarstellungen innerhalb der Beiträge, die in Kopf- und/oder Fußzeile lokalisiert sind. Hierbei ist zu beachten, dass die diesbezügliche Grundgesamtheit die Anzahl der Teilnehmenden insgesamt an einem Forum oder Chat darstellt und nicht die Anzahl der Beiträge insgesamt. Das heißt, wenn eine Teilnehmerin mehrere Beiträge eingestellt hat, werden diese bzgl. der geschlechtlichen Selbstdefinition zusammengezählt – das Ergebnis stellt also „1 Person; Geschlecht: weiblich" dar. Bei diesem Indikator wurden drei verschiedene Ausprägungen unterschieden:

1. **weiblich:** Diese Indikatorausprägung bezieht sich auf weibliche Namensnennungen.

2. **männlich:** Diese Indikatorausprägung bezieht sich auf männliche Namensnennungen.

3. **unbekannt:** Die letzte Indikatorausprägung bezieht sich auf Namensnennungen, die bzgl. des Geschlechts nicht eindeutig zuzuordnen sind.

3) **Positionierung innerhalb der Gesellschaft:** dieser Indikator soll Aufschluss über die Frage geben, welche Position die Autorin/der Autor eines Beitrags innerhalb der Gesellschaft einnimmt; genauer: ob sie/er Mitglied einer gesamtgesellschaftlich relevanten Gruppe ist oder nicht – und wenn ja, in welcher. Die Anzahl der Beiträge insgesamt innerhalb eines Forums stellt hier die Grundgesamtheit dar und die Ergebnisse beruhen wieder auf der Analyse der Selbstdarstellungen in Kopf- und/oder Fußzeile. Bei diesem dritten Indikator wurden sieben verschiedene Ausprägungen unterschieden:

1. **Partei:** Diese Indikatorausprägung bezieht sich auf die Beiträge derjenigen Personen, die eindeutig erkennbar Mitglied in einer politischen Partei sind.

2. **Staat:** Diese Indikatorenausprägung bezieht sich auf die Beiträge derjenigen Personen, die eindeutig erkennbar Mitglied in einer staatlichen Institution (z. B. in der Verwaltung) sind.

3. **zivilgesellschaftliche Gruppe:** Diese Indikatorenausprägung bezieht sich auf die Beiträge derjenigen Personen, die eindeutig erkennbar

Mitglied in einer zivilgesellschaftlichen Organisation (z. B. im „Informationsdienst: für kritische Medienpraxis e.V.") sind.

4. **Medium:** Diese Indikatorenausprägung bezieht sich auf die Beiträge derjenigen Personen, die eindeutig erkennbar Mitglied in einem publizistischen Medium (z. B. Zeitung, Rundfunk) sind.

5. **Bürgerin/Bürger:** Diese Indikatorenausprägung bezieht sich auf die Beiträge derjenigen Personen, die sich eindeutig erkennbar als Privatpersonen äußern.

6. **Expertin/Experte:** diese Indikatorenausprägung bezieht sich auf die Beiträge derjenigen Personen, die eindeutig erkennbar sind als Expertinnen/Experten bzgl. des Themas des jeweils untersuchten Forums

7. **Sonstiges:** die letzte Indikatorenausprägung bezieht sich auf die Beiträge derjenigen Personen, welche nicht eindeutig erkennbar einer der oben aufgeführten Gruppen zuzuordnen sind.

Ergänzend wurden in den Chats Namensgebungen erfasst, die sich auf die Rolle der Beteiligten in Berufs- oder Privatleben beziehen (z. B. „junge Mutter").

Indikatoren für eine Analyse der Textbeiträge

Zur Bewertung der Texte ist eine eingehende Analyse ihrer Inhalte wie auch ihrer Struktur notwendig. Dies ist nur durch eine minutiöse Lektüre derselben zu bewerkstelligen. Daraus hervorgehend wurden zur Erfassung dieses Bereichs die drei folgenden Indikatoren ausgewählt, deren beiden erste einen qualitativen und der letzte einen quantitativen Charakter besitzen bzw. besitzt. Die Grundgesamtheit stellt bei allen drei die Gesamtzahl der Beiträge innerhalb eines Forums bzw. Chats dar:

1) **Tendenz der Beiträge zum Thema des Dialogangebotes:** Dieser Indikator betrifft die in den Beiträgen sich abzeichnende Einstellung der Autoren zu der im betreffenden Internet-Dialogangebot abgehandelten Thematik. Hierbei werden drei Ausprägungen unterschieden, wobei zu beachten ist, dass diese die Tendenz des gesamten Textes bewerten und nicht nur vordergründig ins Auge stechende Teile:

   1. **positive Tendenz:** Diese Indikatorenausprägung bezieht sich auf eine allgemein bejahende Einstellung zur Thematik des betreffenden Dialogangebots.

   2. **negative Tendenz:** Diese Indikatorenausprägung bezieht sich auf eine allgemein verneinende Einstellung zur Thematik des betreffenden Dialogangebots.

3. **ambivalente Tendenz:** Diese Indikatorenausprägung bezieht sich auf eine allgemein ambivalent-kritische Einstellung zur Thematik des betreffenden Dialogangebots, wobei diese aus gleichermaßen positiv wie negativ bewertenden Bestandteilen resultieren kann, die jedoch in ihrer Gesamtheit kein umfassendes Urteil erkennen lassen.

4. **neutrale Tendenz:** Diese Indikatorenausprägung bezieht sich auf eine allgemein neutrale Einstellung zur Thematik des betreffenden Dialogangebots, was z. B. dann vorkommen kann, wenn ausschließlich rein deskriptiv Fakten dargelegt, diese jedoch nicht gleichzeitig bewertet werden oder lediglich Fragen an andere Teilnehmende des Dialogs gestellt werden.

5. **nicht bewertbare Tendenz:** Die letzte Indikatorenausprägung bezieht sich auf diejenigen Beiträge, die nicht unter die vier vorhergehenden Ausprägungen subsumiert werden können.

2) **Kommunikationsstil in den einzelnen Beiträgen:** Dieser Indikator soll den vornehmlich gebrauchten Stil der Kommunikation innerhalb der Beiträge erfassen. Hierbei ist zu beachten, dass der übergeordnete Tenor abgebildet werden soll. Das heißt, obwohl es durchaus möglich ist, dass innerhalb eines Beitrags einige bzw. alle der hier genannten Kommunikationsstile auftauchen können, wird der betreffende Beitrag nur dem dominantesten dieser Stile zugeordnet. Zur genaueren Erfassung des interessierenden Bereichs wurden fünf verschiedene Indikatorenausprägungen unterschieden:

1. **agitativ/ polemisch:** Im Rahmen dieses Kommunikationsstils wird versucht, auf unterhaltsame Art politisch werbend eine Ansicht zu bekämpfen. Hierbei wird auf keinen Fall ein Konsens gesucht.

2. **diskursiv/ kommunikativ/ interaktiv:** Bei diesem Kommunikationsstil wird angestrebt, logisch denkend und durch vorausgehende Urteile begründet, wechselseitig aufeinander einwirkend Gedanken auszutauschen.

3. **deskriptiv/ informativ/ mitteilend/ verlautbarend:** Dieser Kommunikationsstil zielt darauf ab, „wertfrei" Wissen zu übermitteln.

4. **selbstdarstellend/ selbstpositionierend:** Im Kontext dieses Kommunikationsstils wird versucht, in normativer Weise den eigenen Standpunkt darzulegen und hierbei Bezug auf die eigene Lebenswelt zu nehmen.

5. **nicht bewertbar:** Hierunter werden alle diejenigen Beiträge subsumiert, die den oben dargestellten vier Kommunikationsstilen nicht zugeordnet werden können.

3) **Länge der einzelnen Beiträge:** Unter der Überschrift dieses Indikators werden drei unterschiedliche quantitative Charakteristika bzgl. der Texte eines Forums bzw. Chats erfasst. Als erstes wird, auf der Grundlage der Gesamtwörteranzahl der gesamten Beiträge des betreffenden Internet-Dialogangebots, mit Hilfe eines Mittelwerts die durchschnittliche Beitragslänge (Wortanzahl) innerhalb eines Forums bzw. Chats ermittelt. Als zweites wird der Beitrag mit dem geringsten Umfang (der geringsten Wortanzahl) lokalisiert und als drittes der Beitrag mit dem größten Umfang (der größten Wortanzahl).

Aufgrund der spezifischen Charakteristika von Chats wurde in der Analyse der Chats nur die Länge der Beiträge erhoben. Die weiteren Kriterien „Kommunikationsstil" und „Tendenz des Beitrags" erbrachten keinen Erkenntnisgewinn.

4.3 Online-Foren

4.3.1 Kanzlerforum – Konsequenzen aus der Gewalttat von Erfurt – Online-Dialogforum „Eindämmung von Gewaltdarstellung in Medien"

Das zwischen dem 9.05.2002 und dem 21.05.2002 durchgeführte Forum „Eindämmung von Gewaltdarstellung in Medien" wird von der Internetredaktion des Presse- und Informationsamtes der Bundesregierung durch einen kurzen Text zum Thema eingeleitet.

> *„Eindämmung von Gewaltdarstellung in Medien*
> *Verursacht der regelmäßige Konsum von Gewaltszenen eine erhöhte Gewaltbereitschaft? Brauchen wir neue und wirksamere Formen zur Begrenzung von Horrorfilmen und Gewaltvideos?*
> *Unmittelbar nach dem Amoklauf am Erfurter Gutenberg-Gymnasium hat Bundeskanzler Gerhard Schröder zu einer gesamtgesellschaftlichen Debatte über das Thema Gewalt und die Darstellung von Gewalt in Medien aufgerufen. Als Auftakt einer solchen Diskussion ist der Kanzler am 2. Mai mit den Chefs der öffentlich-rechtlichen und privaten Fernsehanstalten zusammengekommen. Dabei wurde die Bildung eines Runden Tischs zur Eindämmung von Gewaltdarstellung in elektronischen Medien vereinbart. An ihm sollen Bund und Länder, öffentlich-rechtliche sowie private TV-Anstalten beteiligt werden, aber auch Internet-Provider, Fernseh- und Videoproduzenten sowie Vertreter der Computerspielbranche. Dieser Kreis soll bestehende Grundsätze für den Umgang mit Gewaltdarstellungen überprüfen und – wo nötig - neue entwickeln, erklärte der Kanzler."*

Gesprächsverlauf

Idealtypischerweise lassen sich innerhalb eines Gesamt-Forums drei Sequenzen des Gesprächsverlaufs unterscheiden:

1. Gesprächseröffnung:

Die einleitende Gesprächssequenz reicht vom 1. (Der Picknicker, 09.05.) bis zum 18. (Mugen, 10.05.) Beitrag. Innerhalb dieser Sequenz zeichnen sich die Beiträge vornehmlich dadurch aus, dass sie sich negativ zum Thema des Forums stellen, d. h. die Eindämmung von Gewaltdarstellungen in den Medien (speziell denen des Films und der Computerspiele) wird relativ übereinstimmend abgelehnt. Hierbei ist der Kommunikationsstil überwiegend deskriptiv – so werden größtenteils Fakten übermittelt, welche beweisen sollen, dass eine ursächliche Beziehung zwischen Gewaltdarstellungen in den Medien und einer Erhöhung der Gewaltbereitschaft bei den Rezipienten/Nutzern nicht existiert.

Beispiel: Aus dem 8. Beitrag (710 Wörter), geschrieben von Michael J. am 09.05.2002 um 19:43:

> *„Es ist schon interessant, wie jede Lobby der anderen die Schuld für dieses furchtbare Massaker in die Schuhe schieben will. [...] Der Zusammenbruch führte zur Kurzschlusshandlung - sinnlos ermordete er Menschen, die er für seine Situation verantwortlich machte. Dies ist in meinen Augen die Tragödie, die zur Katastrophe geführt hat, nicht der Konsum von „Gewaltfilmen" (welches Genre ist das eigentlich?) oder das Spielen von Egoshootern. [...] Bezüglich der psychologischen (empirischen) Forschung im Bereich Medienrezeption und deren Zusammenhang mit der Senkung der Hemmschwelle zur Gewaltanwendung bleibt festzuhalten, dass nach dem Columbine-Massaker in den USA mehrere Forschungen vor diesem Hintergrund durchgeführt worden sind (teils staatlich finanziert), wobei die Ergebnisse einen Zusammenhang nicht belegen konnten. [...]"*

Jedoch fällt der Kommunikationsstil in dieser Phase teilweise auch polemisch/agitativ aus.

Beispiel: Aus dem 17. Beitrag (125 Wörter), geschrieben von Andre F. am 10.05.2002 um 02:41:

> *„[...] Glaubt wirklich jemmand , das wenn man jegliche gewalt Spiele , Filme - oder Musik verbietet sowas nicht mehr vor kommt?*
> *Der Mensch ist nun mal Gewalttätig , ich glaub nich das die in Afganistan viel Counterstrike gespielt haben . Oder das in Somalia „Slipknot" voll die angesagte Band ist. Mann ist hauptsächlich Opfer seines Umfeldes.*
> *Aber der Staat kann das ja „Unmöglich" schuld sein.*
> *Wo doch alle so ne supi Zukunft in Deutschland haben.*
> *Das muß einfach an den spielen und Filmen liegen.*
> *P.S: Wer sagt das Counterstrike spieler potenzielle Ammokläufer sind , der kann auch alle mit dem selben Sternzeichen (oder Religion) zu einem Krimienelen Erklähren. Außerdem ist dan in ner woche oder so eh Armageddon. [...]"*

Eine erhöhte kommunikative/diskursive Struktur zwischen den Teilnehmenden hat sich bis zum Ende dieser Eingangssequenz noch nicht entwickelt. Es scheint, als müssten die Teilnehmenden erst mal „Dampf ablassen" und ihre Sicht der Dinge äußern bzw. faktisch untermauern.

2. Gesprächsmitte:

Die zweite Gesprächssequenz reicht vom 19. (Michaela Sommer, 10.05.) bis zum 144. (Klaus Weißmann, 16.05) Beitrag. Diese Sequenz, welche den größten Teil des Forums einnimmt, charakterisiert sich durch einige qualitative Veränderungen innerhalb der Gesprächsführung. So herrscht zwar nach wie vor ziemlich einhellig ein Konsens bzgl. der Ablehnung der Eindämmung von Gewaltdarstellungen in den Medien vor, es treten jedoch nun auch vereinzelt gegenläufige Meinungen auf.

Beispiel: 80. Beitrag (71 Wörter), geschrieben von Hartmut Steeb am 13.05. um 08:31:

> *„Gewaltdarstellung in den Medien nach meiner Beobachtung funktioniert die freiwillige Selbstkontrolle – schon in den Kinos – nicht. Denn wer will schon freiwillig auf den Profit verzichten, um dessentwillen er doch gerade Medien herstellt? Ich meine: Wir brauchen klare ethische Grundregeln für den Umgang mit Gewalt in den Medien. Und deshalb sollten Gewaltdarstellungen um der Gewalt willen – das ist meines Erachtens schon die „Verherrlichung" von Gewalt – grundsätzlich untersagt werden."*

Etwas stärker vertreten sind nun ambivalente Einstellungen zur Thematik. Hierbei wird meistens eine Ursache-Wirkungs-Beziehung zwischen medialen Gewaltdarstellungen und Gewaltbereitschaft vorausgesetzt, deren dynamische Wirkung jedoch mit anderen Faktoren abgewogen wird – d. h. obwohl ein negativer Zusammenhang zwischen Medien und Gewalt gesehen wird, sprechen andere Faktoren gegen eine „Zensur" (z. B. Werte wie Kunstfreiheit/Meinungsfreiheit oder „wirtschaftsschädigende" Auswirkungen etc.).

Beispiel: Aus dem 102. Beitrag (61 Wörter), geschrieben von Nahkampfbieber am 14.05. um 11:32:

> *„[...] Ich wollte nur mal sagen das ich den neuen Gesetzesentwurf doch recht gut finde. Aber mann sollte es nicht ganz so doll übertreiben, wenn nämlich die BPjS mehr Rechte bekommt kommt vielleicht garkein Ego-Shotter mehr hier in Deutschland raus und dies finden die Entewickler wiederum nicht so gut. Und außerdem ist ein Spiel kunst. [...]"*

Auch tritt nun etwas häufiger ein selbstdarstellender Kommunikationsstil auf, in dessen Rahmen die Forums-Teilnehmer ihre persönliche Betroffenheit zur Thematik ansprechen und ihre Argumentation durch Beispiele aus ihrer persönlichen Lebenswelt unterstreichen. Die emotionale Eingebundenheit der Forums-Mitglieder scheint sich zunehmend hochzuschaukeln.

Beispiel: aus dem 106. Beitrag (124 Wörter), geschrieben von „drfaustus" am 14.05. um 12:25:

> *„[...] es „kotzt" mich dermassen an, daß wir videospieler bald als „aussätzige" randgruppe dargestellt werden.*

> *ich selbst bin 37 jahre alt und habe schon so gut wie alles an den „bösen" ego-shootern gespielt. ich bin doch deshalb nicht so durchgeknallt wie der typ aus erfurt. es ist wirklich viel zu einfach die videospiele als schuldigen hinzustellen.*
> *ich kann und will mich nicht damit abfinden,daß ich in meinem hobby benachteiligt werde. die ego-shooter sind mein lieblingsgenre.*
> *ich bin mit meinen 37 jahren doch wohl ein mündiger bürger der spielen kann was er will. [...]"*

Die auffälligste Veränderung innerhalb der zweiten Gesprächssequenz betrifft die zunehmende Diskursfähigkeit. So nehmen im weiteren Verlauf des Forums diejenigen Beiträge zu, die

(1) andere Forumsmitglieder zitieren (erstes Zitat: 52. Beitrag von Fred Schunke am 10.05.) oder diese direkt ansprechen (bzw. auf deren Argumentation eingehen)

(2) sich direkt an den Bundeskanzler oder die Forumsmoderation wenden.

Beispiel zu (1): aus dem 142. Beitrag (197 Wörter), geschrieben von „anaj" am 16.05. um 11:30:

> *„[...] Wie man aus sämtlichen Beiträgen erkennen kann, scheint wohl der Weg der Gesetzesverschärfung nicht der Richtige zu sein. [...]*
> *Ich will wissen, welche Möglichkeiten gibt es in unserer Gesellschaft, die für mich trotz aller Probleme, die bessere Alternative darstellt (aus meiner Erfahrung heraus), dass so etwas wie in Erfurt sich nicht wiederholt.*
> *Ich möchte das hier als Frage auch in den Raum stellen bzw. ins Forum? Gerade an die Jugendlichen!*
> *Und gleich die nächste Frage?*
> *Wie stellt man sich die Gesellschaft in der Zukunft vor? Auf jede Demokratie folgt eine Tyrannei, schaut man sich die Geschichte an. Der Werteverfall ist offensichtlich, nicht nur bei der Tat auch in den Beiträgen. Was sollen die Werte der zukünftigen Gesellschaft sein??*
> *Kommunikation als Sensibilisierung ist schon mal ein gutes Mittel, könnte eigentlich erweitert werden."*

Beispiele zu (2): aus dem 114. Beitrag (383 Wörter), geschrieben von Ralf am 14.05. um 15:24:

> *„Erwachsenen-Zensur-Gesetz (Jugendschutzgesetz)*
> *Sehr geehrter Herr Bundeskanzler und Team von bundeskanzler.de*
> *zunächst einmal möchte ich ihnen für die Einrichtung dieses Forums danken und hoffe sehr, dass die vielen guten Beiträge Gehöhr finden werden.*
> *Dass Sie Herr Kanzler hier nicht antworten verstehe ich nicht, auch wenn Sie viel zu tun haben sollte ein Thema das dermaßen Ihr Tun in den letzten Tagen beeinflusst hat, Sie zumindest dazu bewegen eine kleine Notiz zu hinterlassen, die zeigt das es Ihnen wichtig ist und das sie zumindest einen Teil der Argumente, die hier gebracht werden, zur Kenntnis nehmen. [...]"*

Wie sich hier zeigt, ist mit zunehmender Zeit ein engerer Diskussionszusammenhang entstanden, der sich durch eine gesteigerte Kommunikationsintensität der Forumsmitglieder untereinander auszeichnet und in dessen Kontext auch immer öfter der Kanzler bzw. die Forumsbetreiber als Adressaten der übermittelten Botschaften anvisiert werden. So scheint dieses Forum als relevanter Kommunikationsraum zunehmend anerkannt zu werden wobei sich eine deutliche „Frontstellung" abzeichnet: Wir gegen sie – d. h. wir Computerspieler/ Konsumenten gewalttätiger Medieninhalte gegen (populistische) Politiker/an Verkaufszahlen interessierte Medien (Zeitungen, Fernsehen etc.). Hierbei wird immer öfter der Wunsch nach Stellungnahmen des Kanzlers/der Moderation geäußert, als Zeichen der politischen Relevanz des Forums wie auch des Respekts gegenüber den Meinungsäußerungen der Forums-Teilnehmenden. Da allerdings eine Antwort des Kanzlers ausbleibt, kommt es zunehmend zu Unmutsäußerungen und, wie später noch erläutert wird, auch zu einer weiteren qualitativen Veränderung des Diskursverlaufs.

3. Gesprächsbeendigung:

Die dritte Gesprächssequenz reicht vom 145. (Nils Vortmeier, 16.05.) bis zum 205. (LeopardII, 21.05.) Beitrag. Nachdem im 145. Beitrag festgestellt wird, dass das Ego-Shooter-Computerspiel Counter Strike von der Bundesprüfstelle für jugendgefährdende Schriften nicht indiziert wird und im 149. Beitrag (Skitzo, 17.05.) konzediert wird, dass Bundeskanzler Schröder diese Entscheidung heftig kritisiert hat, häufen sich die Beiträge, welche

- in kritischer Form an den Bundeskanzler direkt gerichtet sind und
- eine negativ-pessimistische Bewertung bzgl. des Sinns dieses Forums bekunden.

Beispiele hierfür sind die Beiträge 155, 161, 165, 166, 171, 176, 193. Der 165. Beitrag, geschrieben von MikeTequila am 17.05. um 10:19, lautet:

> *„Diskussion zwecklos! :(*
>
> *Warum reden wir hier eigentlich???*
>
> *Bundeskanzler Schröder hat uns ja gerade gezeigt, daß er 1. hier nicht mal nen Blick reinwirft, und 2.) nur seinen „Privatkrieg gegen den Schmutz" im Sinn hat.*
>
> *Bravo! Eine Glanzleistung Herr Schröder. Warum werden Sie nicht Chef der BPJM? Dann können Sie alles Verbieten was Ihnen so unter die Nase kommt. und Ihnen nicht passt.*
>
> *Das Forum könnte man jetzt auch einfach schließen, bringt ja nix.*
>
> *Eines Gute hat die Sache natürlich. Ich weiß endlich wo ich mein Kreuz bei der Wahl machen werde. 100% nicht die SPD."*

Im Großen und Ganzen bleibt die Struktur der dritten Gesprächssequenz derjenigen der zweiten ähnlich, jedoch verschärft sich die polemische Rhetorik.

Beispiele:

> *„Herr Bundeskanzler heisst das etwa das sie nicht hinter einer Entscheidung stehen die von einer ihrer Behörden gefällt wurde?"*
>
> *„Wurde eigentlich ein einziges Posting dieses Forums vom Bundeskanzler gelesen? „Falsches Signal"... das kann doch wohl nicht wahr sein. Ich verstehe jetzt die Politikverdrossenheit in Deutschland, wenn sich hier im Forum hunderte Leute mit langen und durchdachten Beiträgen die Finger wund schreiben und es von Seiten des Bundeskanzlers oder seiner Mitarbeiter nicht die geringste Reaktion gibt."*
>
> *„Ich muss ebenfalls sagen das der Bundeskanzler sich mit seiner Aussauge bezüglich der Nichtindizierung keine Freunde gemacht hat. Doch eigentlich war es ja nicht anders zu erwarten."*

Mit dem 205. Beitrag (geschrieben von LeopardII am 21.05. um 15:56) endet das Forum abrupt.

Anmerkungen bzgl. der Moderation

Grob strukturiert können innerhalb dieses Kanzlerforums zwei Aufgaben der Moderation unterschieden werden:

a) **Die inhaltliche Moderation:** diese schließt die Leitung der Diskussion wie auch fachliche Stellungnahmen ein. Auf eine solche Moderation der Diskussion im Forum wird seitens der Redaktion, mit Ausnahme des Einleitungstextes, bewusst verzichtet.

b) **Die administrative Moderation:** diese schließt die Zuordnung von Beiträgen zu Diskussionssträngen sowie die Vermeidung von unzulässigen Beitragsinhalten ein. Da es innerhalb des hier untersuchten Forums keine ausdifferenzierten Stränge gibt, kommt es auch zu keiner diesbezüglichen Zuordnung von Beiträgen. Jedoch werden alle Beiträge zunächst von der Redaktion gelesen, bevor sie freigeschaltet und damit im Forum veröffentlicht werden Dieses Verfahren garantiert, dass beleidigende und verunglimpfende Beiträge von der Redaktion gelöscht werden können, was sich jedoch nur in wenigen Ausnahmefällen als notwendig erweist.

Es wird ersichtlich, dass die einzige von außen wahrnehmbare Existenzbekundung der Moderation am Anfang angesiedelt ist. Moderierte Zwischenschritte, wie ein Einschub eines inhaltlichen Zwischenstands, existieren nicht. Auch eine abschließende Zusammenfassung der Inhalte und des Verlaufs des Forums fehlt.

Anmerkungen bzgl. der Funktion des Forums

Die Ziele und Motive der Einführung des untersuchten Kanzlerforums bzw. die Funktion desselben, werden den Teilnehmenden so gut wie nicht verdeutlicht. Zwar existiert der oben erwähnte Einstiegstext der Online-Redaktion und auf zwei Seiten, die der User auf seinem Weg zum Online-Forum „Eindämmung von Gewaltdarstellung in Medien" passieren muss, findet sich folgender Text:

> *„Liebe Bürgerinnen und Bürger,*
> *das Forum zu den Themen der neuen Legislaturperiode ist geschlossen. Wir danken allen Teilnehmerinnen und Teilnehmern für ihre Beiträge, die im Archiv des Forums aufbewahrt werden. Die Ergebnisse der Diskussionen dieses Forums werden von der Redaktion ausgewertet und gehen in die politische Informationsarbeit der Bundesregierung ein.*
> *Freundliche Grüße*
> *Die Internetredaktion des Presse- und Informationsamtes der Bundesregierung"*

Das untersuchte Forum scheint also weder zur Konsultation in Vorbereitung einer Entscheidungsfindung, noch zum Abschluss einer Diskussion im Vorfeld einer Entscheidungsfindung und auch nicht zur Verbesserung der Transparenz gegenüber der Öffentlichkeit gedacht zu sein. Der Schluss liegt nahe, dass das Forum

a) einerseits zum **Anregen und Gestalten einer öffentlichen Debatte** und

b) andererseits zur **Verbesserung der Kommunikation mit der Öffentlichkeit**

dient. Das Anliegen des ersten Punktes wird umgesetzt. Bzgl. des zweiten Punktes ist festzuhalten, dass durch das ausbleibende Feedback der Moderation/des Kanzlers ein großer Teil der Forums-Teilnehmenden eher frustriert/ demoralisiert, als dass sie zu weiterem Engagement ermutigt werden.

Anmerkungen bzgl. der Interaktivität

Mit der Funktion „Zitieren und neuen Beitrag erstellen" kann innerhalb des Forums auf vorangegangene Beiträge direkt eingegangen werden. Hiervon wird auch vermehrt Gebrauch gemacht.

Anmerkungen bzgl. des Niveaus und des Stils der Beiträge

An den meisten Beiträgen bemerkenswert ist der durchweg förmliche Stil, wie z. B. die Ansprache mit „Sehr geehrter Herr Bundeskanzler" oder „Hallo liebe Forumsteilnehmer". Auch weisen die Beiträge ein beachtliches Niveau auf und sind im Allgemeinen sehr überlegt geschrieben. Des Weiteren ist der Umgang in den Diskussionen miteinander größtenteils sehr höflich und an der Sache orientiert.

Übergreifende Indikatoren

Zeitraum und Dauer des Forums: Das Forum hat zwischen dem 09.05.2002 und dem 21.05.2002 stattgefunden und dauerte damit insgesamt 13 Tage. [Anmerkung: Die Jahrszahl war innerhalb des Forums nicht ersichtlich. Der Einstieg der Redaktion begann angeblich am 08.04. Da der Amoklauf in Erfurt aber am 26.04.02 stattgefunden hatte und der erste Eintrag am 09.05. erfolgte, war der Redaktionseinstieg wohl am 08.05.02.]

Anzahl der aktiven Teilnehmerinnen und Teilnehmer: An dem Forum haben 173 Teilnehmerinnen und Teilnehmer aktiv teilgenommen und Beiträge eingestellt. Die Anzahl der passiven Teilnehmerinnen und Teilnehmer ist nicht bekannt, da keine entsprechenden Auswertungen vorgenommen wurden.

Anzahl der Beiträge im gesamten Forum: In das Kanzlerforum „Eindämmung von Gewaltdarstellung in Medien" wurden insgesamt 205 Beiträge eingestellt. Somit wurden im statistischen Durchschnitt 1,2 Beiträge pro Teilnehmerin bzw. Teilnehmer erstellt.

Zeitlicher Verlauf: Nach einem steilen Anstieg der Zahl der Beiträge am 2. Tag des Forums, dem 10.05. (40 Beiträge), sinkt die Teilnahmeintensität wieder. Ein zweites Hoch ist am 6. Tag, dem 14.05. (29 Beiträge), auszumachen, welches aber nicht mit einer Veränderungstendenz bzgl. der Indikatoren korreliert. Dem dritten und letzten Hoch, welches sich am 9. Tag, dem 17.05. (32 Beiträge), ausmachen lässt, geht jedoch in der vorhergehenden Nacht der Übergang von der Sequenz der Gesprächsmitte zu der der Gesprächsbeendigung voraus, nachdem im 145. Beitrag (Nils Vortmeier am 16.05., um 23:10) erstmals die Entscheidung der Bundesprüfstelle für jugendgefährdende Schriften erwähnt wird. So werden am 17.05. erst einmal in größerem Ausmaß Beiträge beigesteuert, die sich durch Unmutsäußerungen gegenüber der Reaktion des Kanzlers bzgl. der BPJS-Entscheidung sowie durch Kritik an der Nicht-Reaktion des Kanzlers/ der Moderation auf das Forum charakterisieren lassen. Diese kritischen Beiträge lassen bereits eine gewisse Resignation der Forums-Teilnehmenden erkennen. Danach geht, ab dem 18.05. bis zum Ende am 21.05., die Beteiligung am Forum stark zurück – es scheint, als hätten die Forums-Teilnehmenden die Lust verloren.

Abbildung 4-1: Beiträge der Teilnehmerinnen und Teilnehmer im Zeitverlauf im Kanzlerforum Erfurt

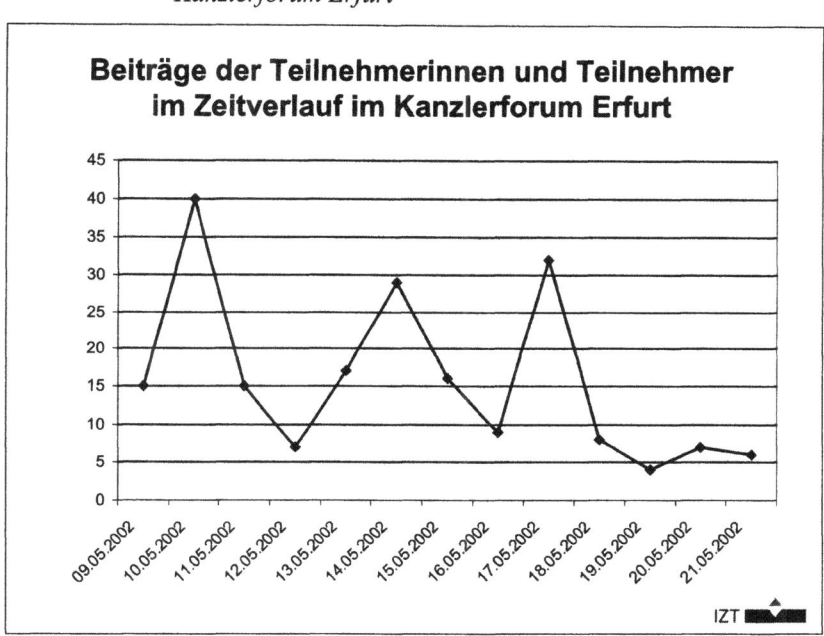

Quelle: IZT – Institut für Zukunftsstudien und Technologiebewertung.

Charakterisierung der Akteure anhand von Selbstdarstellungen

Name (Namensgebung): Von den insgesamt 205 eingestellten Beiträgen sind 98 mit einem Pseudonym gekennzeichnet. Die Identität der Mitdiskutierenden wird somit zu einem großen Teil verdeckt gehalten. 49 Beiträge sind mit Nachnamen und Vornamen gekennzeichnet, 42 ausschließlich mit Vornamen und 12 Beiträge ausschließlich mit Nachnamen gekennzeichnet. Kein einziger Beitrag ist mit einem akademischen Titel gekennzeichnet. 4 Beiträge waren nicht auswertbar.

Wie ersichtlich wird, handelt es sich hier um kein Expertenforum, sondern die Teilnehmerinnen und Teilnehmer treten vornehmlich als Laien und Beteiligte auf.

Geschlechtliche Zuordnung: Von den insgesamt 173 Teilnehmerinnen und Teilnehmern waren 12 weiblich, 70 männlich und von 91 Teilnehmern, konnte das Geschlecht nicht festgestellt werden. Vor diesem Hintergrund scheint das Forum klar männlich dominiert zu sein.

Positionierung innerhalb der Gesellschaft: Von den insgesamt 205 Beiträgen weisen lediglich 4 auf eine eindeutige Positionierung als Expertin/Experte hin. Von Vertreterinnen und Vertretern politischer Parteien, staatlicher Verwaltungen, zivilgesellschaftlicher Gruppierungen, sozioökonomischer Interessengruppen und publizistischer Medien wurden keine Beiträge eingestellt. Auch hier wird wieder ersichtlich, dass die Teilnehmerinnen und Teilnehmer vornehmlich als Laien auftreten.

Abbildung 4-2: Geschlecht der Teilnehmerinnen und Teilnehmer im Kanzlerforum Erfurt

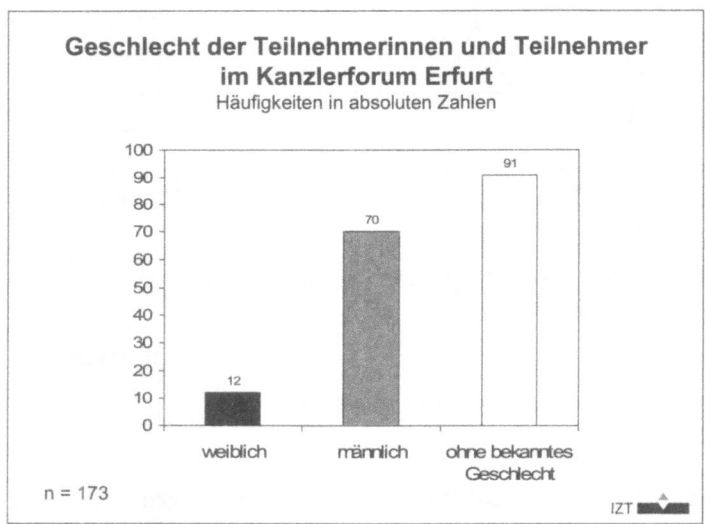

Quelle: IZT – Institut für Zukunftsstudien und Technologiebewertung.

Indikatoren zur Analyse der Beiträge

Tendenz der Beiträge zum Thema des Forums (Erfurt): Die Beiträge des Kanzlerforums „Eindämmung von Gewaltdarstellung in Medien" weisen eine eindeutige Bewertungstendenz bzgl. der Thematik auf. So zeigen von den insgesamt 205 Beiträgen nur 10 Beiträge eine positive Tendenz zum Thema, aber 129 Beiträge eine negative Tendenz. 26 Beiträge sind ambivalent im Hinblick auf ihre inhaltliche Tendenz, neun Beiträge sind im Hinblick auf ihre inhaltliche Tendenz neutral, 31 Beiträge in ihrer Tendenz nicht bewertbar.

Abbildung 4-3: Tendenz der Beiträge zum Thema „Eindämmung von Gewaltdarstellungen in Medien im Kanzlerforum Erfurt

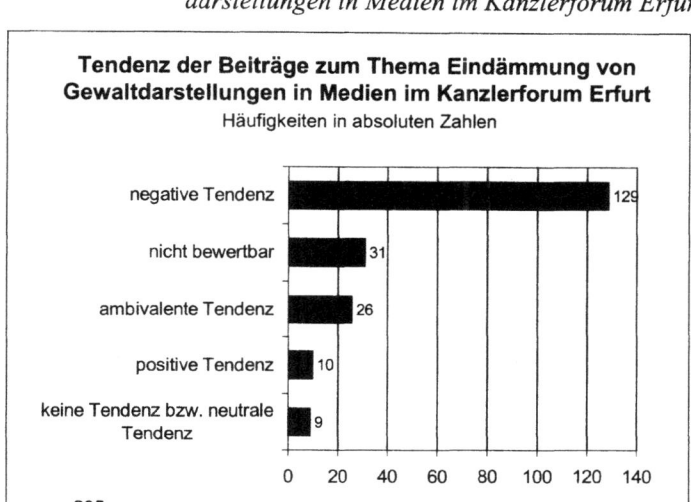

Quelle: IZT – Institut für Zukunftsstudien und Technologiebewertung.

Kommunikationsstil der einzelnen Beiträge: Von den insgesamt 205 Einträgen zeigen 59 Beiträge einen diskursiven, 54 einen deskriptiven, 46 einen agitativen und 36 einen eher selbstdarstellenden Kommunikationsstil. Nur bei 10 Beiträgen ist der Kommunikationsstil nicht bewertbar.

Abbildung 4-4: Kommunikationsstil der einzelnen Beiträge im Kanzlerforum „Erfurt"

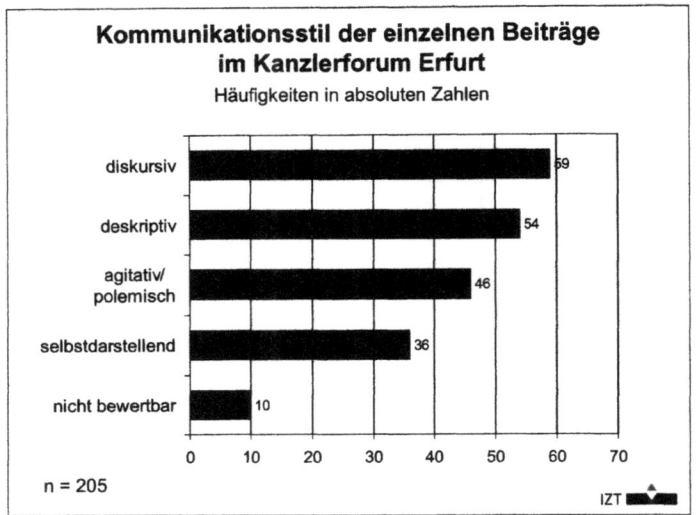

Quelle: IZT – Institut für Zukunftsstudien und Technologiebewertung.

Länge der einzelnen Beiträge: Die einzelnen Beiträge im Kanzlerforum „Erfurt" zeigen eine beachtliche Länge. So beinhalten die 205 Beiträge im Ganzen 64.932 Wörter – die durchschnittliche Beitragslänge beträgt 317 Wörter. Der Beitrag mit dem geringsten Umfang ist von „Jugo" mit fünf Worten. Hierbei handelt es sich jedoch nur um die Nachfrage über den Verbleib seines unmittelbar vorhergehenden Beitrags („Wo is mein posting hin?!"). Der Beitrag mit dem größten Umfang ist der von Dirk (Berlin), mit einer Wortanzahl von 1.351. Hierbei fällt ins Auge, dass der Beitrag in Form einer polemischen Geschichte über den Tagesablauf eines typischen „Gewaltmedien"-Konsumenten abgefasst ist, welcher dem eines Drogenabhängigen gleichen soll.

4.3.2 Deutscher Bundestag – Enquete-Kommission 14. Legislaturperiode „Recht und Ethik der modernen Medizin" – Online-Dialogforum „Präimplantationsdiagnostik (PID)"

Das Online-Forum „Präimplantationsdiagnostik", das zwischen dem 16.02.2001 und 30.03.2001 stattgefunden hat, wird von der Internetredaktion des Deutschen Bundestages durch einen kurzen Text zum Thema sowie zu den Beteiligten des Forums eingeleitet:

> *„Sexualität und Fortpflanzung spielen eine zentrale Rolle für unsere Vorstellungen eines gelungenen Lebens.*
> *Seit einigen Jahren können Kinder durch In-vitro-Fertilisation (IVF) im Labor gezeugt werden. Die dabei entstehenden Embryonen werden nach einigen Zellteilungen in die Gebärmutter der Frau überführt.*
> *Durch die Entwicklung der Präimplantationsdiagnostik (PID) wird es möglich, Embryonen, die im Labor gezeugt wurden, vor ihrer Übertragung genetisch zu testen. Diejenigen, die nicht von der getesteten unerwünschten genetischen Eigenschaft betroffen sind, werden in die Gebärmutter eingebracht. Solche Embryonen, an denen ein genetischer Defekt nachgewiesen wird, werden verworfen.*
> *Mit der geltenden Rechtslage, insbesondere mit den Bestimmungen des Embryonenschutzgesetzes, ist die Präimplantationsdiagnostik in Deutschland nicht vereinbar.*
> *Fünf Mitglieder der Enquete-Kommission Recht und Ethik der modernen Medizin beziehen Position."*

Der einleitende Text wurde am 16.02.2001 von fünf verschiedenen Mitgliedern der Enquete-Kommission „Recht und Ethik der modernen Medizin" eingebracht. Zusätzlich wurden von den fünf Mitgliedern der Kommission die folgenden Stellungnahmen zum Thema PID in das Online-Forum eingestellt:

- Helga Kühn-Mengel, SPD-Fraktion: PID – Nicht vorschnell entscheiden, sondern Argumente austauschen
- Werner Lensing, CDU/ CSU-Fraktion: PID – Hilfe für Paare mit hohem genetischen Risiko zur Erfüllung des Kinderwunsches
- Monika Knoche, Fraktion Bündnis 90/Die Grünen: Genchecks an In-vitro-Embryonen müssen verboten bleiben
- Prof. Dr. Edzard Schmidt-Jortzig, FDP: Nur problembewusst an eine Überprüfung des Embryonenschutzgesetzes gehen
- Prof. Dr. Ernst Luther, Sachverständiger (für die PDS): Keine Selektion behinderten Lebens, keine genetische Normierung durch PID

Die Teilnehmerinnen und Teilnehmer des Forums konnten ihre Beiträge ausschließlich unter einem der Positionspapiere verorten. Die Abgabe von übergeordneten Stellungnahmen war nicht möglich. Der Dialog zum Thema PID entwickelte sich dadurch separat im Rahmen der politischen Positionspapiere. Das

Forum „Präimplantationsdiagnostik" erlaubt somit keinen Dialog zwischen allen Beteiligten: Zwar können die Teilnehmerinnen und Teilnehmer auch auf die anderen politischen Positionspapiere und auf die Beiträge der jeweils anderen Teilnehmer Bezug nehmen, erhalten aber von den beteiligten Mitgliedern der Enquete-Kommission keine weiteren Antworten. In allen Dialogsträngen gibt es kein wirkliches Gesprächsende, der Meinungsaustausch bricht jeweils relativ unvermittelt ab.

Der Dialogstrang unter dem Positionspapier von Frau Kühn-Mengel (SPD-Fraktion) endet am 06.03.2001, der Dialogstrang mit Herrn Werner Lensing (CDU/CSU-Fraktion) endet am 14.03.2001, der Dialogstrang mit Frau Monika Knoche (Fraktion Bündnis 90/Die Grünen) endet am 15.03.2001, der Dialogstrang mit Herrn Prof. Edzard Schmidt-Jortzig (FDP) endet am 18.03.2001 und mit Prof. Ernst Luther (Sachverständiger für die PDS) endet am 30.03.2001.

Abbildung 4-5: Struktur des Online-Forums „Präimplantationsdiagnostik"

Struktur des Online-Forums Präimplementationsdiagnostik (PID)

Kurze Einleitung ins Thema PID

16.2.2001	16.2.2001	16.2.2001	16.2.2001	16.2.2001
Positionspapier SPD-Fraktion: Helga Kühn-Mengel	Positionspapier CDU/CSU-Fraktion: Werner Lensing	Positionspapier Fraktion Bündnis 90/ Die Grünen: Monika Knoche	Positionspapier FDP: Prof. Edzard Schmidt-Jortzig	Positionspapier PDS: Prof. Ernst Luther
Beiträge der Teilnehmerinnen und Teilnehmer – 17.2.2001 (erster Beitrag) 6.3.2001 (letzter Beitrag)	Beiträge der Teilnehmerinnen und Teilnehmer – 21.2.2001 (erster Beitrag) 14.3.2001 (letzter Beitrag)	Beiträge der Teilnehmerinnen und Teilnehmer – 19.2.2001 (erster Beitrag) 15.3.2001 (letzter Beitrag)	Beiträge der Teilnehmerinnen und Teilnehmer – 20.2.2001 (erster Beitrag) 18.3.2001 (letzter Beitrag)	Beiträge der Teilnehmerinnen und Teilnehmer – 21.2.2001 (erster Beitrag) 30.3.2001 (letzter Beitrag)

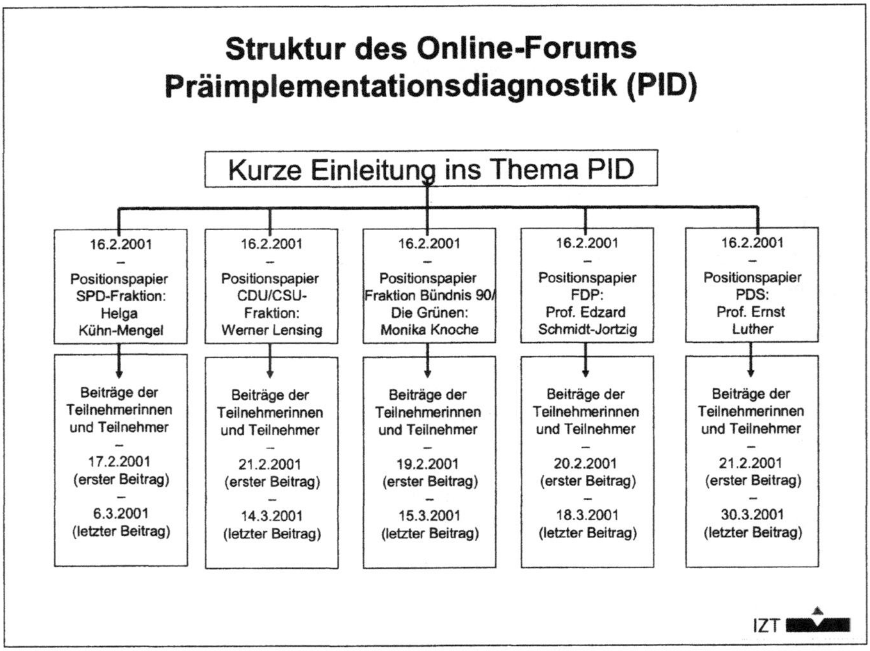

Quelle: IZT – Institut für Zukunftsstudien und Technologiebewertung.

Anmerkungen bzgl. der Moderation

Die Moderation des Forums „Präimplantationsdiagnostik" kann in zwei Funktionsbereiche aufgeteilt werden:

> **Inhaltliche Moderation:** Diese schließt die Leitung der Diskussion wie auch fachliche Stellungnahmen ein. Auf eine solche Moderation der Diskussion wird im Forum seitens der Redaktion mit Ausnahme des kurzen Einleitungstextes sowie der vorgegebenen Positionspapiere durch die Mitglieder der Enquete-Kommission bewusst verzichtet.

> **Administrative Moderation:** Diese bezieht sich auf die Zuordnung von Beiträgen zu Diskussionssträngen sowie auf die Vermeidung von unzulässigen Beitragsinhalten. Diese Funktion der Moderation wird zum einen durch die Vorgabe der fünf Diskussionsstränge umgesetzt. Zum anderen werden alle Beiträge von der Internetredaktion des Deutschen Bundestages gelesen, bevor sie freigeschaltet und damit im Forum veröffentlicht werden. Dieses Verfahren garantiert, dass beleidigende, verunglimpfende oder „unanständige" Beiträge von der Redaktion gelöscht werden können, was sich jedoch nur in wenigen Ausnahmefällen als notwendig erwies. Zudem werden Beiträge von Sekten (z.B. Scientology) aussortiert und nicht veröffentlicht. Das Motto ist gleichwohl „so wenige Eingriffe wie möglich".

Zusammenfassungen der laufenden Diskussionen zur Ermittlung eines Zwischenstandes oder zur Vorlage des abschließenden Ergebnisses der Forumsdiskussion oder zur Förderung der Gruppenidentität als Merkmal für erfolgreiche Foren (soziale Integration), wurden nicht vorgenommen.

Anmerkungen zur Funktion des Forums

Die Ziele und Motive der Einführung bzw. Umsetzung des untersuchten Online-Forums „Präimplantationsdiagnostik" bzw. die Funktion desselben, werden den Teilnehmenden so gut wie nicht verdeutlicht. Zwar werden der oben erwähnte Einstiegstext der Internetredaktion sowie die politischen Positionspapiere dem Forum vorangestellt, allerdings wird nicht auf einen konkreten politischen Verwertungszusammenhang verwiesen.

Anmerkungen zur Interaktivität

Eine Funktion „Zitieren und neuen Beitrag erstellen" wird den Teilnehmenden des Forums „Präimplantationsdiagnostik" nicht explizit angeboten. Gleichwohl wird innerhalb der einzelnen Gesprächsstränge häufig auf vorangegangene Beiträge inhaltlich Bezug genommen und zum Teil auch Zitate bereits öffentlicher Beiträge den neuen Beiträgen vorangestellt. Zur Veranschaulichung der Interaktivität sollen die folgenden beiden Zitate aus dem Online-Forum dienen:

Beispiel 1: Karin Nebeling, Beitrag vom 22.02.2001

„*„„Die diffuse Angst der Behinderten, nach den behinderten Embryonen stünden die behinderten Menschen zur Diskussion, ist vielleicht noch nachvollziehbar. Wer grundsätzlich gegen PID ist, der sollte sich einmal fragen, wie er auf ein eigenes behindertes Kind reagieren würde."*
So habe ich reagiert: Traurig, wütend (warum gerade wir), von Fragen nach der Schuld unzählige Nächte um den Schlaf gebracht. Und trotzdem, irgendwann beginnt man zu akzeptieren und ist schließlich doch sehr glücklich, dass man es hat. Sexualität und Fortpflanzung spielen eine zentrale Rolle für unsere Vorstellungen eines gelungenen Lebens. (...)"

Beispiel 2: Daniel Nitzpon, Beitrag vom 22.02.2001

„*alle wesentlichen Argumente (gegen pid) sind glaube ich schon gefallen, ich koennte hier nur andere wiederholen. (...)"*

Beispiel 3: Barbara Leube, Beitrag vom 28.02.2001

„*Sehr geehrte Frau Kühn-Mengel,*
auch ich freue mich über die Möglichkeit zum Dialog (ich bin in der genetischen Beratung und Diagnostik tätig und seit einigen Monaten Fachärztin für Humangenetik). (...)
P.S. Zu Herrn Dr. Dirk Kowalski: „Warum sollte es eigentlich nicht gelingen, einen Katalog von Krankheiten aufzustellen, die im Zweifel auf Wunsch der Eltern zu einem Abbruch der IVF führen?": *Wenn Sie versuchen, in Ihrem Bekanntenkreis einen Konsens darüber zu erzielen, welche Beeinträchtigungen sich mit welcher Wahrscheinlichkeit entwickeln müssten, um eine genetische Veränderung in diesen Katalog aufzunehmen, werden Sie einige Schwierigkeiten von alleine feststellen. Weitere würde ich nach dem Ergebnis dann gerne hier diskutieren. (...)"*

Beispiel 4: Yllana Schulte, Beitrag vom 20.02.2001

„*@Frau Schley: Ich muss Ihnen unbedingt in Ihren Ausführungen Recht geben. (...)"*

Beispiel 5: Britta Suhr, Beitrag vom 22.02.2001

„*Verehrter Herr Sanden,*
a) es hat 277 (Fehl-)Versuche gebraucht, um Dolly in ihrer endgültigen Version zu produzieren. Wievieler Embryonen bedarf es, um die perfekte Ausgabe zu designen? Die Wissenschaftler möchten hierzu aus wohl bestimmten Gründen keine Angaben machen. (...)"

Beispiel 6: Peter Hardt, Beitrag vom 18.03.2001

„Liebe Gerda Zinsler,
Ethik als etwas einzustufen, das man nach belieben jedem in Freiheit überlassen kann ist deshalb problematisch, weil damit die Freiheit eines anderen unethisch beschnitten wird. Wenn das, was wir „Embryo" nennen eigentlich ein Mensch im frühesten Stadium ist, dann beinhaltet PID nicht einfach das wegwerfen eines Gegenstandes, sondern Tötung. Und das ist nichts, was man unbesehen der Freiheit jedes einzelnen überlässt. (...)"

Beispiel 7: Oliver Paul, Beitrag vom 23.02.2001

„Um direkt auf die Frage von Benjamin Keuchel einzugehen:
Die Frage nach dem Recht auf Leben kommt unbedingt vor der Frage nach dem Sinn des Lebens! Egal ob ein Mensch nun behindert oder nicht behindert ist; er hat ein unbedingtes Recht auf Leben, das nicht hinterfragt werden kann. (...)"

Ein Teil der Forumsteilnehmer äußert sich überrascht, irritiert, erstaunt oder auch verärgert über Beiträge von anderen Forumsteilnehmern:

Beispiel 1: Lukas von Hippel, Beitrag vom 07.03.2001

„(...) Ich staune über die Diskussion und die Stellungnahmen. (...)"

Beispiel 2: Dieter Ritter, Beitrag vom 22.02.2001

„(...) Ich bin erschrocken über einige Beiträge, die ohne jeden Sachverstand voreilige Entscheidungen treffen. So finde ich es z. B. anmaßend, wenn ein Herr Mendel in ein paar Sätzen definiert, wann menschliches Leben beginnt. (...)"

Beispiel 3: Christian Frodl, Beitrag vom 11.03.2001

„(...) Ich finde es erschreckend, was für lebensverachtende Äußerungen hier teilweise abgegeben werden. Ich frage mich bei manchen Statements einiger Besucher dieser Seite ernsthaft, ob dies nur einige Ausnahmen sind, oder ob es wirklich ein Spiegelbild unserer Gesellschaft im Umgang mit Menschen mit Behinderungen und allem, was als nicht „normal" angesehen wird, ist. (...)"

Beispiel 4: Helmut Ziegler, Beitrag vom 23.02.2001

„(...) Beim Durchlesen der hier geschilderten Meinungen stehen mir wirklich alle Haare zu Berge. (...)"

Beispiel 5: Jan-Oliver Wülfing, Beitrag vom 28.02.2001

„(...) Mir sträuben sich auch die Haare, wenn ich lese, dass behinderte Menschen ein unwertes Leben führen. (...)"

Beispiel 6: Walter Schrader, Beitrag vom 09.03.2001

„ (...) Es ist schon erschreckend die teilweise behindertenfeindlichen Beiträge zum M. Knoche-Artikel zu lesen. (...)"

Daneben beschweren sich einige der Teilnehmerinnen und Teilnehmer des Online-Forums „Präimplantationsdiagnostik" darüber, dass nicht alle relevanten Sichtweisen bzw. nicht alle relevanten Akteursgruppen zum Thema PID in dem Forum vertreten sind. Dies kann ein Indikator dafür sein, dass im Bereich der Teilnehmerakquisition keine konkrete Zielgruppendefinition vorgenommen wurde.

Beispiel 1: Michaela Nuscheid, Beitrag vom 21.02.2001

„Schade, dass sich hier anscheinend nur Menschen an dieser Diskussion beteiligen, die von KEINEM genetischen Defekt betroffen sind. (...)"

Beispiel 2: Dr. Dirk Kowalski, Beitrag vom 22.02.2001

„Mich stört an der gegenwärtigen Diskussion, daß sie fast ausschließlich von nicht Betroffenen geführt wird ? wo sind eigentlich die Stimmen der Behinderten, wo sind die Stimmen der betroffenen Angehörigen?! (...)"

Anmerkungen zu Niveau und Stil der Beiträge

Die Beiträge in dem Online-Forum „Präimplantationsdiagnostik" zeichnen sich durch ein hohes Diskussionsniveau aus und sind in aller Regel überlegt und reflektiert geschrieben. Weiterhin ist der Umgang in den Diskussionen untereinander größtenteils sehr höflich und an der Sache orientiert.

Übergreifende Indikatoren

Zeitraum und Dauer des Forums: Das Forum hat zischen dem 16.02.2001 und dem 30.03.2001 stattgefunden und dauerte damit insgesamt 44 Tage.

Anzahl der aktiven Teilnehmerinnen und Teilnehmer: Einschließlich der fünf Mitglieder der Enquete-Kommission „Recht und Ethik der modernen Medizin" haben an dem Forum 53 Teilnehmerinnen und Teilnehmer aktiv teilgenommen und Beiträge eingestellt. Die Anzahl der passiven Teilnehmerinnen und Teilnehmer ist nicht bekannt, da keine entsprechenden Auswertungen vorgenommen wurden.

Anzahl der Beiträge im gesamten Forum: In das Online-Forum Präimplantationsdiagnostik wurden insgesamt 68 Beiträge eingestellt. Somit wurde im statistischen Durchschnitt 1,3 Beiträge pro Teilnehmerin bzw. Teilnehmer erstellt. Die Verteilung der Teilnehmerbeiträge in den einzelnen Diskussionssträngen ist in der folgenden Abbildung dargestellt.

Abbildung 4-6: Verteilung der Teilnehmerbeiträge in den einzelnen Diskussionssträngen

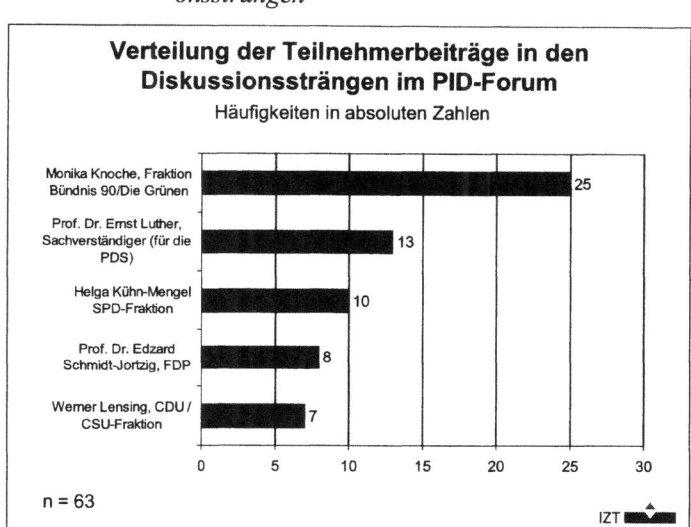

Quelle: IZT – Institut für Zukunftsstudien und Technologiebewertung.

Zeitlicher Verlauf des Einstellens von Beiträgen: Es sind keine belastbaren Muster im Hinblick auf den zeitlichen Verlauf des Einstellens von Beiträgen durch die Teilnehmerinnen und Teilnehmer erkennbar. Einzige Ausnahme ist, dass zu Beginn des Forums – also zwischen dem 17.2.2001 und dem 22.02.2001 – vergleichsweise mehr Beiträge eingestellt wurden als im weiteren Verlauf.

Abbildung 4-7: Teilnehmerbeiträge im Zeitverlauf im Forum Präimplantationsdiagnostik

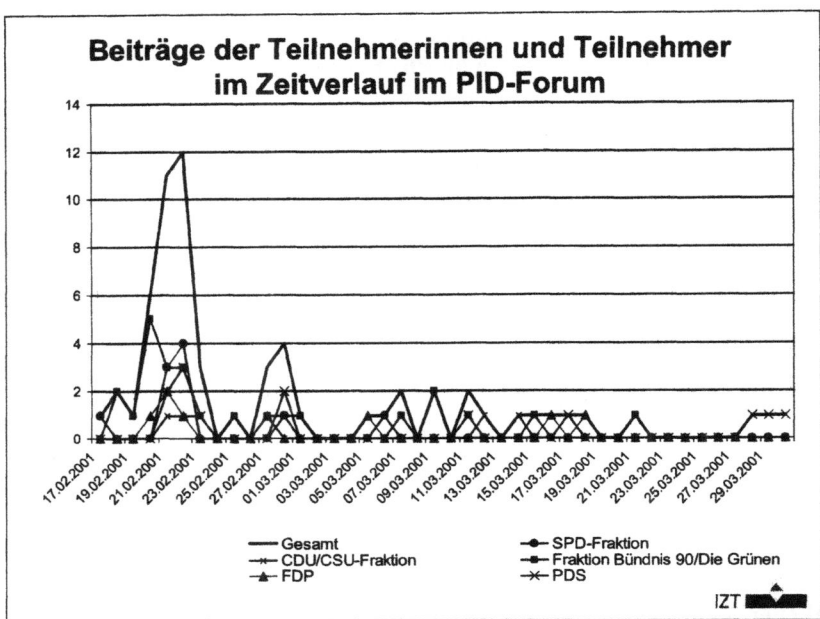

Quelle: IZT – Institut für Zukunftsstudien und Technologiebewertung.

Charakterisierung der Akteure anhand von Selbstdarstellungen

Name (Namensgebung): Von den insgesamt 68 eingestellten Beiträgen sind 58 Beiträge mit Nachnamen und Vornamen gekennzeichnet. Die Identität der Diskutierenden ist damit weitgehend offen gelegt. Sieben Beiträge sind durch den Nachnamen und einen akademischen Titel gekennzeichnet. Ein Beitrag ist nur durch den Nachnamen gekennzeichnet. Die Anzahl der anonymen Beiträge ist außerordentlich gering: So ist lediglich ein Beitrag unter Angabe eines Pseudonyms abgegeben worden. Ein weiterer Beitrag ließ sich nicht zuordnen.

Geschlechtliche Zuordnung der Teilnehmer: Von den insgesamt 53 Beteiligten waren 18 Teilnehmerinnen, 33 Teilnehmer und zwei Teilnehmer konnten nicht zugeordnet werden. Die Teilnehmerstruktur im Online-Forum PID war somit überwiegend männlich geprägt.

Abbildung 4-8: Geschlecht der Teilnehmerschaft im Forum Präimplantationsdiagnostik

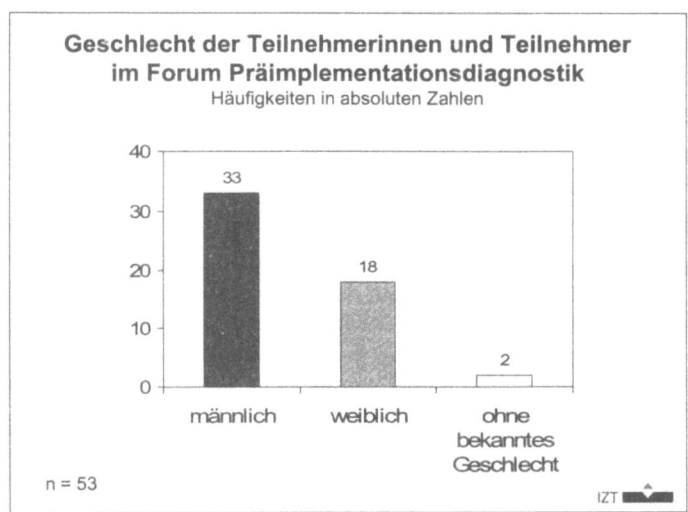

Quelle: IZT – Institut für Zukunftsstudien und Technologiebewertung.

Positionierung in der Gesellschaft: Von den insgesamt 68 Beiträgen weisen fünf eine eindeutige Positionierung zu einer politischen Partei auf (Positionspapiere der an dem Forum teilnehmenden Mitglieder der Enquete-Kommission), 46 Beiträge sind durch eine neutrale Positionen gekennzeichnet (Bürger/ Bürgerin), zehn durch eine Positionierung als Experte/Expertin sowie sieben Beiträge durch eine Zuordnung zu einer zivilgesellschaftlichen Non-Profit-Organisation (z. B. Interessensgemeinschaft Kritische Bioethik Bayern). Von gesellschaftlichen Interessensverbänden mit Profit-Orientierung oder von publizistischen Medien wurden keine Beiträge eingestellt.

Bei neun Beiträgen wird deutlich, dass es sich um Beteiligte handelt, die entweder selbst oder deren Töchter bzw. Söhne mit einem genetischen Defekt geboren wurden oder auch schwer(st)behindert sind.

Beispiel 1: Thomas Batinic, Beitrag vom 21.02.2001

„(...) *Ich bin Biologe und Vater eines zwei Jahre alten Sohnes mit einem angeborenem schweren Herzfehler, der bereits mehrmals operiert wurde. (...)*"

Beispiel 2: Michaela Muscheid, Beitrag vom 21.02.2001

„(...) *Ich würde, wenn in der BRD erlaubt, eine PID durchführen lassen. Mein Mann ist von einem genetischen Defekt betroffen. 3 Schwangerschaften endeten aufgrund einer diagnostizierten Translokation in einer Fehlgeburt. (...)*"

Beispiel 3: Nicole Nortmann, Beitrag vom 23.02.2001

„(...) Der Beitrag von Frau Michaela Muscheid vom 21.02.2001, ist bei uns genauso, nur das ich eine balancierte Translokation 11/15 habe. Hatte 2 Fehlgeburten. Meine Tochter Mariella wurde am 21.06.99 geboren SSW 35/5. Mariella hat eine unbalancierte Translokation 11/15.Mariella ist am 15.09.1999 gestorben. (...)"

Beispiel 4: Jan-Oliver Wülfing, Beitrag vom 28.02.2001

„(...) Ich bin von Geburt an schwerst-körperbehindert und trotzdem fühle ich mich wohl. (...)"

Analyse der Beiträge

Tendenz der Beiträge zum Thema des Forums (PID): Die Beiträge des Online-Forums „Präimplantationsdiagnostik" sind insgesamt sehr ausgewogen. So zeigen von den insgesamt 68 Beiträgen 26 Beiträge eine positive Tendenz zum Thema PID, 30 eine negative Tendenz. Vier Beiträge sind ambivalent im Hinblick auf ihre inhaltliche Aussage, drei sind neutral. Fünf Beiträge sind im Hinblick auf ihre inhaltliche Tendenz nicht bewertbar.

Abbildung 4-9: Tendenz der Beiträge im Forum Präimplantationsdiagnostik

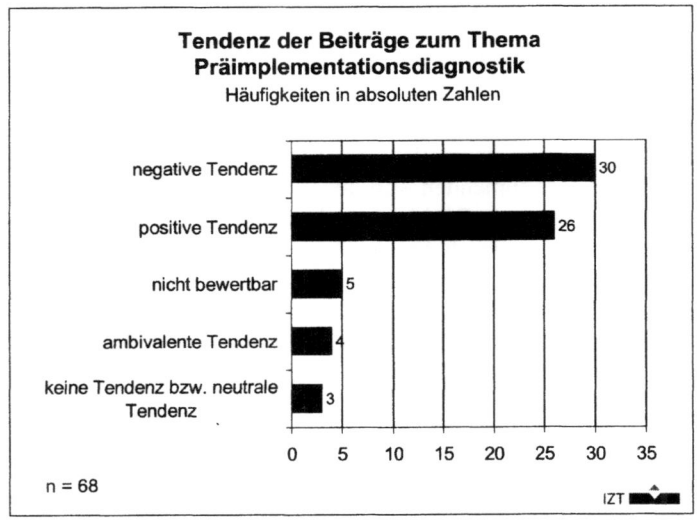

Quelle: IZT – Institut für Zukunftsstudien und Technologiebewertung.

Kommunikationsstil der einzelnen Beiträge: Von den insgesamt 68 Einträgen zeigen 31 Beiträge einen deskriptiven, 28 einen diskursiven und sechs einen eher selbstdarstellenden Kommunikationsstil. Lediglich drei Beiträge sind durch einen tendenziell agitativ/ polemischen Kommunikationsstil charakterisiert.

Abbildung 4-10: Kommunikationsstil der Beiträge im Forum Präimplantationsdiagnostik

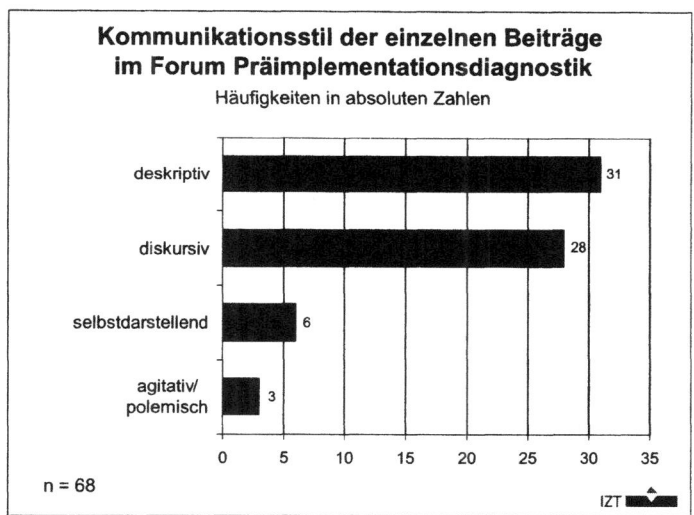

Quelle: IZT – Institut für Zukunftsstudien und Technologiebewertung.

Länge der einzelnen Beiträge: Die einzelnen Beiträge in dem Online-Forum zeigen eine beachtliche Länge. So beträgt die durchschnittliche Länge aller Beiträge 204 Wörter, die durchschnittliche Länge der politischen Positionspapiere der Mitglieder der Enquete-Kommission 487 Wörter und die durchschnittliche Länge der Teilnehmerbeiträge 182 Wörter. Der folgende Beitrag weist mit 189 Wörtern in etwa die durchschnittliche Länge eines Teilnehmerbeitrags aus:

> *„Wenn der Wunsch nach einem gesunden Kind es nicht rechtfertigt, Embryonen - seien sie nun Personen oder Zellklumpen - zu töten, wieso kann dann ein wesentlich weiter entwickelter Fötus im Mutterleib durch Schwangerschaftsabbruch getötet werden, nur weil die Schwangerschaft ungeplant war oder es sich durch PND herausgestellt hat, dass das Kind krank oder behindert sein wird? Im Fall der bereits eingetretenen Schwangerschaft befindet sich die Schwangere sicher in einem Konflikt, aber kann und muss nicht derselbe Konflikt antizipiert werden, so dass es keinen Sinn ergibt, Embryonen nach IVF ungetestet einzupflanzen, um sie dann mittels PND zu testen und ggf. abzutreiben?*
>
> *Eine noch stärkere Ausgrenzung Behinderter als bisher befürchte ich durch PID nicht, denn derjenige, der Behinderte ausgrenzt, differenziert nicht, ob es sich um eine genetische oder eine unfallbedingte Behinderung handelt.*

Auch wer befürchtet, demnächst würde PID auch zur Auswahl der Augen- oder Haarfarbe verwendet, wenn sie erst einmal erlaubt sei, berücksichtigt m. E. seine eigenen Argumente nicht. Wenn doch die für PID notwendige IVF für die Frauen gesundheitlich wie psychisch so belastend ist wie geschildert, werden die wenigsten Frauen eine solche Prozedur nur wegen banaler Äußerlichkeiten auf sich nehmen,,

Abbildung 4-11: Durchschnittliche Länge der Beiträge im Forum Präimplantationsdiagnostik

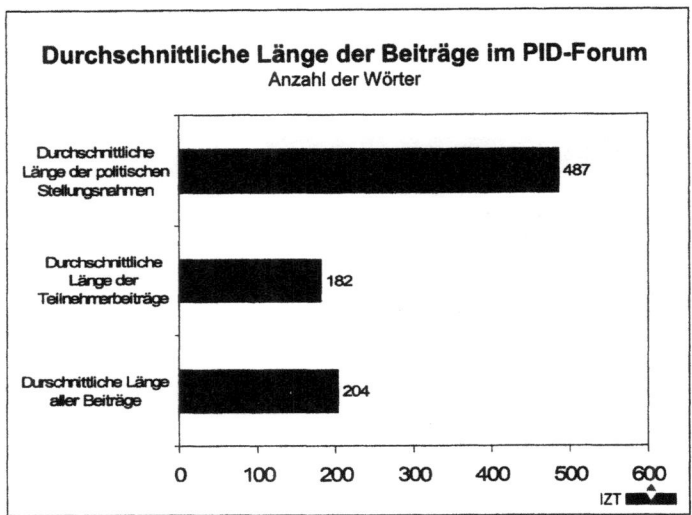

Quelle: IZT – Institut für Zukunftsstudien und Technologiebewertung.

Auffallend ist, dass die durchschnittliche Länge der Teilnehmerbeiträge tendenziell umso höher ist, je länger das vorangestellte politische Positionspapier ist (Ausnahme: Diskussionsstrang des PDS-Positionspapiers).

Abbildung 4-12: Durchschnittliche Länge der Beiträge in den einzelnen Diskussionssträngen im Forum Präimplantationsdiagnostik

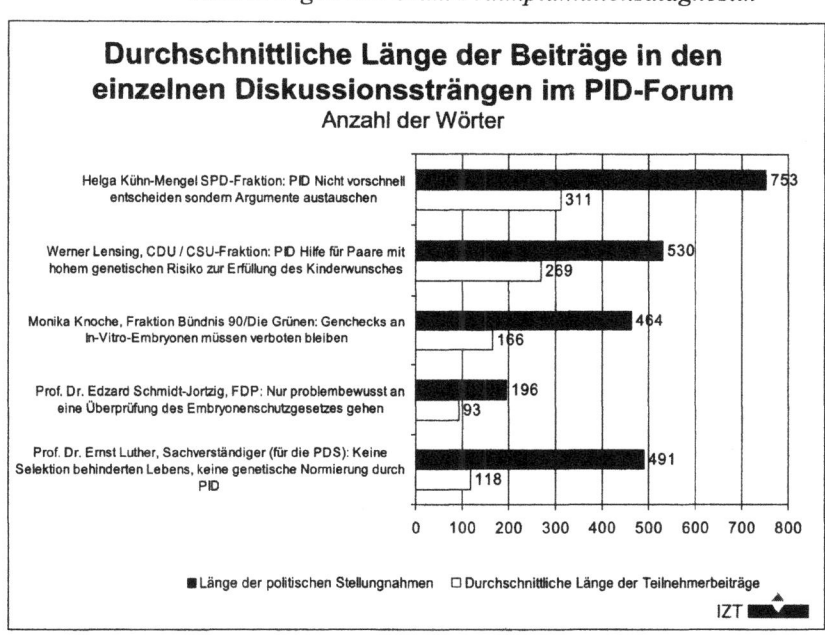

Quelle: IZT – Institut für Zukunftsstudien und Technologiebewertung.

4.3.3 Forum „Urheberrecht" www.mitmischen.de

Das Thema „Urheberrecht" wird sowohl im Forum als auch im Chat auf der Kommunikationsplattform www.mitmischen.de diskutiert. Interessierte Teilnehmerinnen und Teilnehmer konnten sich zwischen Juli 2004 bis Oktober 2004 am Forum Urheberrecht beteiligen. Der Chat zum Thema fand am 29. September auf der Popkomm in Berlin statt. Das Ergebnisprotokoll des Forums als auch das Chatprotokoll zum Thema „Urheberrecht" befinden sich im Themenarchiv von mitmischen.de. (http://www.mitmischen.de/topic_forum.php? PHPSESSID=467b11b8bb2dc9f4729271edc0b0f3ef&topicId=3309 sowie http://www.mitmischen.de/article_detail.php?PHPSESSID=467b11b8bb2dc9f4729271 edc0b0f3 ef&reportId=4218&sumMsg=5&currentReportPage=1&topicId=3309, Abruf vom 13. Januar 2005)

Seit Juni 2004 wird die Plattform www.mitmischen.de vom Deutschen Bundestag für politisch interessierte Jugendliche herausgegeben. Das Angebot mitmischen.de wurde ursprünglich von Studierenden der Hochschule für Künste in Berin entwickelt und umgesetzt, dann aber wieder abgeschaltet. Das heutige

Angebot mitmischen.de wurde den Angaben der Herausgeber zu Folge komplett umgestaltet. Zum Zeitpunkt der Studie hatte die Seite knapp 2.000 registrierte Teilnehmerinnen und Teilnehmer, ca. 900 Abonnenten des mitmischen.de-Newsletters sowie ca. 700 Abonnenten des Chatnewsletters. Der mitmischen.de-Newsletter informiert regelmäßig über Neuigkeiten aus Politik und Bundestag. Der Chatnewsletter informiert regelmäßig, wann der nächste Chat mit einem Bundestags-abgeordneten auf mitmischen.de stattfindet.

Primäre Zielgruppe der Kommunikationsplattform www.mitmischen.de sind politisch interessierte Jugendliche. Die Mehrheit der teilnehmenden Jugendlichen ist zwischen 14 und 17 Jahren alt. Mitunter sind die Teilnehmerinnen und Teilnehmer auch älter – etwa bis 20 Jahre. Auch nutzen Lehrerinnen und Lehrer die Plattform, wenn sie ein besonderes Interesse an einem bestimmten Thema haben.

Beworben wird die Kommunikationsplattform hauptsächlich in Schulen. Etwa 200 registrierte Schulen bekommen per E-Mail einen Hinweis, wann und zu welchem Thema der nächste Chat bzw. das nächste Forum auf www.mitmischen.de stattfindet. Diese Informationen werden dann durch die Lehrerinnen und Lehrer an die Schülerinnen und Schüler der einzelnen Klassen übermittelt. Seitens der Internetredaktion ist zukünftig ein stärkerer Austausch mit dem Jugendmagazin „Glasklar" des Deutschen Bundestages geplant, um die Seite www.mitmischen.de noch besser an die Zielgruppe heranzutragen. In Teilen wird die Öffentlichkeitsarbeit von der Internetredaktion der Seite mit übernommen, z. B. ist Werbung in der Jugendpresse vorgesehen – im Jahr 2004 wurde schon einmal Werbung in der BRAVO platziert.

Zu jedem thematischem Forum auf www.mitmischen.de gibt es einen Text, der kurz in das Thema einführt und als Hintergrundinformation dient. Der Hintergrundtext wird von der Internetredaktion der Seite www.mitmischen.de erstellt und muss vor der Veröffentlichung im Internet mit dem jeweils Verantwortlichen im Deutschen Bundestag abgestimmt werden. Das Forum Urheberrecht hat einen umfangreichen Hintergrundtext von etwa acht Seiten, der die Teilnehmerinnen und Teilnehmer in die Themen Urhebergesetz und Urheberrechtsgesetzreform einführt.

Auszug aus dem Hintergrundtext Forum Urheberrecht:

Das Urheberrechtsgesetz – darum geht's
Warum brauchen wir überhaupt so ein Gesetz?
„Das „Bundesgesetz über das Urheberrecht an Werken der Literatur und der Kunst und über verwandte Schutzrechte", wie das Gesetz eigentlich heißt, wird gebraucht, damit niemand die Ideen anderer klaut. Das kennt jeder: In der Schule greift dein Kumpel fette Noten für ein Referat ab, aber er hat aus deinen Notizen abgeschrieben, ohne dich zu fragen.

> *Meistens ist es einfach nur ärgerlich, wenn sich jemand mit fremden Federn schmückt. Manchmal geht es aber noch um viel mehr: Klaut jemand die Idee für einen Song und wird damit ein Star, geht dem Komponisten viel Geld durch die Lappen. Und der Dieb heimst auch noch den Ruhm ein, der eigentlich dem Urheber zusteht. Das ist dann nicht mehr nur ärgerlich, sondern geht ans Eingemachte. Deshalb ist es wichtig, dass es ein Gesetz gibt, das regelt, wie man mit geistigem Eigentum umgeht."*

Um einerseits die Diskussion des Forums Urheberrecht anzuregen und andererseits Schwerpunkte in der Diskussion zu setzen, gibt die Internetredaktion folgende fünf Themenstränge vor:

- Daten-Piraten: ab in den Knast?
- Copyright – was ist überhaupt noch erlaubt?
- Die Musikindustrie – Geschröpfte oder Abzocker?
- Downloadportale
- Softwarepatente

Jedes dieser fünf Themen wird von der Redaktion kurz und knapp mit ein paar Sätzen zu Beginn des Diskussionsstrangs eingeleitet – was als Problemaufriss bzw. als Einführung in das Thema dient. Das Thema „Datenpiraten: ab in den Knast?" wird mit folgenden Worten eröffnet:

> 09.07.04 11:44 mitmischen.de
> Einmal ist keinmal... *Das Urheberrechtsgesetz ist aus gutem Grund erneuert worden – ein Gesetzes-Update gewissermaßen. Wer illegal Musik oder Spiele runterlädt, macht sich strafbar. Erste Verfahren laufen. Wie siehst du das: Sind illegale Downloads ein Kavaliersdelikt, oder sollte der Staat gegen die Sünder hart vorgehen, damit Künstler endlich wieder zu ihrem Recht kommen?*

Registrierte Teilnehmerinnen und Teilnehmer haben einerseits die Möglichkeit zu wählen, zu welchem Themenstrang des Forums sie sich äußern wollen, andererseits können sie auch neue Unterthemen einbringen. Eine aktive Beteiligung im Forum ist nur registrierten Teilnehmerinnen und Teilnehmern möglich.

Das Forum zum Themenstrang „Datenpiraten: ab in den Knast?" hat beispielsweise sieben Unterthemen erhalten, die von den Teilnehmenden selbst entwickelt und eingetragen wurden (siehe die folgende Abbildung „Struktur des Forums Urheberrecht").

Abbildung 4-13: Struktur des Forums „Urheberrecht"

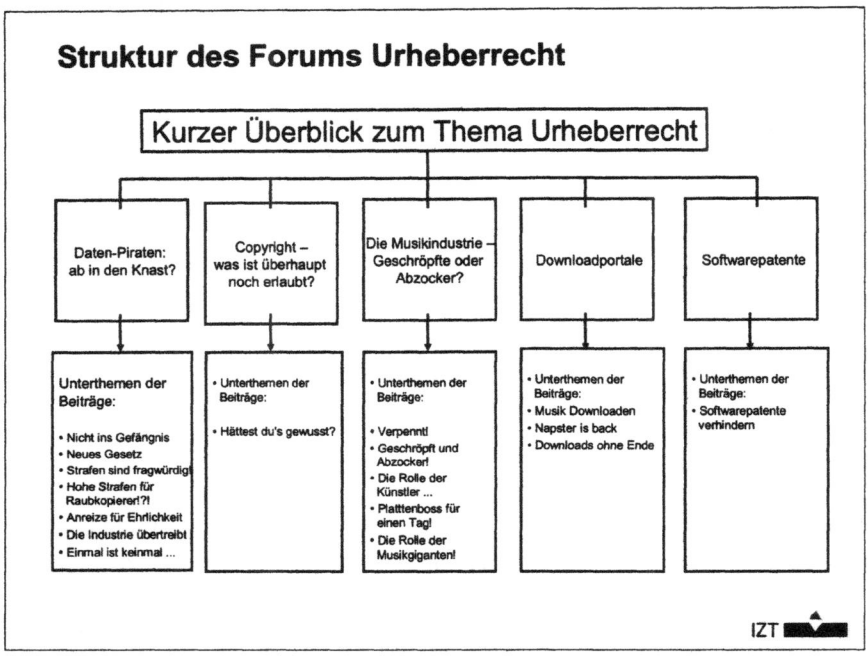

Quelle: IZT – Institut für Zukunftsstudien und Technologiebewertung.

Registrierte Teilnehmerinnen und Teilnehmer haben die Möglichkeit, die einzelnen Unterthemen anzuklicken, sich die vorhandenen Beiträge anzuschauen und mitzudiskutieren. Des Weiteren können sie einen eigenen Beitrag schreiben oder auf einen bereits vorhanden Beitrag „antworten". Mit der Funktion „zitieren" konnte der vorangegangene Beitrag markiert werden, auf den sich die Antwort bezieht (siehe folgendes Beispiel).

27.08.04 12:10

Coldplay

Re: Re:

shantytown schrieb: *..zudem ist für die meisten user von illegalen tauschbörsen der download viel attraktiver, da man sich die songs bequem von zuhause runterlädt und nicht erst in den plattenladen gehen muss um sie zu kaufen...*

Na ja, das würde ich mal in Frage stellen. Wenn ich mir mit ISDN einen File runterlade, ihn dann auf 'ne CD brennen muss, mir womöglich noch ein Cover gestalte etc., dann dauert das ganz schön lange und ist irgendwie so gar nicht bequem! Da lob ich mir meinen Plattenladen, wo ich schön reinhören kann.

Thematische Foren sind im Durchschnitt vier bis sechs Wochen für die Teilnehmerinnen und Teilnehmer zugänglich, offene Foren haben keine zeitliche Begrenzung. Das Forum Urheberrecht war deutlich länger geöffnet und wurde erst nach etwa 15 Wochen geschlossen. Die bis dahin eingegangenen 180 Beiträge wurden von der Internetredaktion mitmischen.de analysiert und Themenschwerpunkte sowie besonders interessante Themen herausgearbeitet. Folgende fünf Themenbereiche wurden in den abschließenden Ergebnisbericht aufgenommen:

- Inhalte des neuen Urheberrechtsgesetzes und das Strafmaß bei Zuwiderhandlung,
- die Funktion und Bedeutung von Musik aus dem Internet für die Teilnehmer,
- die Rolle der Musikindustrie, die Rolle der Künstler und die Preisgestaltung für CDs,
- Downloadportale und
- Softwarepatente.

Auszug aus dem Ergebnisbericht Forum Urheberrecht:

Inhalte des neuen Urheberrechtsgesetzes und das Strafmaß bei Zuwiderhandlung

In mehreren Bereichen des Forums habt ihr das Strafmaß diskutiert, das Datenpiraten droht. Es werden Vergleiche zu anderen Delikten gezogen. Viele von euch halten eine Inhaftierung für eine unverhältnismäßig schwere Strafe. Die meisten Jugendlichen haben jedoch ein Bewusstsein für die Unrechtmäßigkeit des illegalen Downloadens. Ein User gibt an, er möchte bewusst bestimmten Interpreten/Produzenten kein Geld für ihre CDs zahlen. Ein anderer Nutzer vertritt das neue Gesetz vehement. Mehrere Forumsteilnehmer interpretieren das neue Gesetz als Drohung und halten es nicht für sinnvoll. Immer wieder wird eine Senkung der CD-Preise vorgeschlagen, um Anreize für Ehrlichkeit zu schaffen.

Angesprochen wird zudem der rechtliche Unterschied zwischen dem Download aus dem Internet und der Privatkopie durch Freunde. Es herrscht Unklarheit über Details.

Wie auch bei allen anderen abgeschlossenen Online-Foren von mitmischen.de wurde der etwa einseitige Ergebnisbericht des Forums Urheberrecht an die ca. 80 registrierten Politikerinnen und Politiker bei mitmischen.de verschickt.

Ursprünglich war seitens der Internetredaktion geplant, die eingehenden Feedbacks der Politiker und Politikerinnen auf die Ergebnisberichte in ein Feedbackforum zu stellen. Allerdings kamen nur zwei Feedbacks, sodass die Einrichtung eines festes Feedbackforums nicht umgesetzt wurde.

Übergreifende Indikatoren

Zeitraum des Forums: Das Forum fand zwischen dem 09.07.2004 und dem 21.10.2004 statt und dauerte damit insgesamt 116 Tage.

Anzahl der aktiven Teilnehmerinnen und Teilnehmer: An dem Forum haben 55 Teilnehmerinnen und Teilnehmer aktiv mitgewirkt und Beiträge eingestellt. Die Anzahl der passiven Teilnehmerinnen und Teilnehmer ist nicht bekannt, da keine entsprechenden Auswertungen vorgenommen wurden.

Anzahl der Beiträge im gesamten Forum: In das Forum Urheberrecht wurden insgesamt 180 Beiträge eingestellt. Somit wurden im Durchschnitt 3,3 Beiträge pro Teilnehmerin bzw. Teilnehmer erstellt.

Zeitlicher Verlauf des Einstellens von Beiträgen: Hinsichtlich der Variation der Anzahl der Beiträge im Zeitverlauf ist bei diesem Forum wenig auszusagen, sowohl bezogen auf das Gesamtforum wie auch auf die einzelnen Themenstränge. Auffällig aber ist, dass trotz der langen Laufzeit des Forums die Anzahl der Beiträge insgesamt relativ gering ist (180 Beiträge in 116 Tagen). Auch fällt auf, dass, obwohl das Forum am 09.07 startete, es erst am 14.07. zu den ersten Einträgen kommt. Des Weiteren gab es vom 20.08. bis zum 12.09. fast einen Leerlauf, währenddessen (mit Ausnahme des 27.08. mit 5 Beiträgen) so gut wie keine Beiträge erstellt wurden.

Am vorletzten Tag, dem 20.10., kommt es demgegenüber zu einem immensen Anstieg mit 18 Beiträgen. Dies rührt daher, dass ein gewisser „GeroGode", ein SPD-Jungpolitiker, an diesem Tag in allen Themensträngen eine große Anzahl von Beiträgen zusteuert und seine letzten Statements taktisch/ zeitlich so setzt, dass sie jeweils am Anfang der einzelnen Themenstränge stehen. Dies ist ein Beispiel dafür, wie eine einzelne Person rückwirkend versuchen kann ein ganzes Forum sowohl inhaltlich wie auch optisch zu bestimmen – und dies nachdem das Forum ohne diese Person schon so gut wie gelaufen war. Inwiefern hier eine Moderation entzerrend eingreifen könnte, sollte bei zukünftigen Foren beachtet werden.

20.10.04 13:11: **GeroGode**

> **Re: Re:**
>
> **sanny210789** schrieb:
>
> *also ich finde solche harten Massnahmen einfach zum Kotz***,...*
>
> *Wieso sind denn die CD}s oder so noch so teuer?? Wären sie billiger, würden sich die LEute mehr kaufen,...*
>
> *Die CDs sind so teuer, weil sie trotzdem gekauft werden. Da die strafrechtliche Verfolgung von Raubkopierern extrem zunehmen wird, wird sich daran auch*

nichts ändern. Es ist nicht verboten dir deine Lieblingsmusik im Radio aufzunehmen und diese anzuhören. Wenn du die dann nicht verkaufst müsste alles klar sein.

Ein solches Gesetz, welches Strafen einsetzt muss sein um unserer Wirtschaft zu helfen. Musik ist ein Luxusgut! Dieses wird nun zu entsprechenden Mitteln verkauft. Preiswerte CDs sind unvorstellbar. Warum sollte man noch Musiker werden, wenn nur noch die Hälfte von der Million für einen selbst abspringt.

Nein, ernsthaft: Der Kampf gegen die ernsthaften Kopierer muss sein!

Beste Grüße

Gero Gode | SPD Erfurt"

Charakterisierung der Akteure anhand von Selbstdarstellung

Name (Namensgebung): Von den insgesamt 180 eingestellten Beiträgen wurde der überwiegende Teil (126 Beiträge) anonym unter Angabe eines Pseudonyms abgegeben. 21 Beiträge wurden ausschließlich durch den Vornamen gekennzeichnet, 31 Beiträge sind mit Nachname und Vorname benannt und zwei Beiträge sind ausschließlich mit Nachnamen betitelt worden.

Abbildung 4-14: Namensgebung in den Beiträgen im Forum „Urheberrecht"

Namensgebung in den Beiträgen im Forum Urheberrecht
Häufigkeiten in absoluten Zahlen

- Pseudonym: 126
- Nachname und Vorname: 31
- Vorname: 21
- Nachname: 2

n = 180

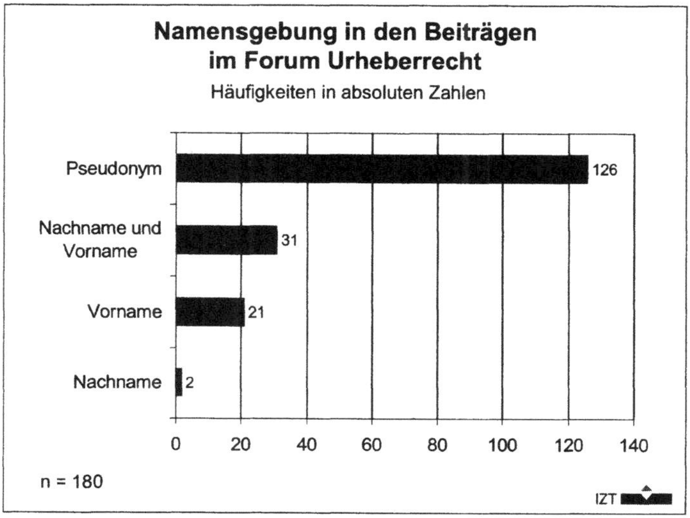

Quelle: IZT – Institut für Zukunftsstudien und Technologiebewertung.

Geschlechtliche Zuordnung der Teilnehmer: Von den insgesamt 55 Teilnehmerinnen und Teilnehmern waren fünf Teilnehmerinnen weiblich, sieben Teilnehmer männlich von 43 Teilnehmern konnte das Geschlecht nicht festgestellt werden.

Positionierung innerhalb der Gesellschaft:

Von den insgesamt 180 Beiträgen weisen 18 Beiträge eine eindeutige Positionierung zu einer politischen Partei auf, die allerdings von einer einzigen Person stammen („GeroGode"). Der größte Teil – 162 Beiträge – ist eher durch eine parteiunabhängige Positionierung gekennzeichnet.

Analyse der Beiträge

Tendenz der Beiträge zum Thema des Forums Urheberrecht:

Die Tendenz der Beiträge ist insgesamt sehr unterschiedlich: So beurteilen von den insgesamt 180 Beiträgen 45 das Thema Urheberrecht als positiv und 42 zeigen eine negative Tendenz. 32 Beiträge sind ambivalent hinsichtlich ihrer inhaltlichen Tendenz, 26 Beiträge haben keine bzw. eine neutrale Bewertung des Themas. 35 Beiträge konnten nicht berücksichtigt werden, da sie nicht zum Thema Urheberrecht abgegeben wurden.

> Beispiel für einen Beitrag mit einer positiven Tendenz zum Thema Urheberrecht – Die Rolle der Musiker ...:
>
> **Brighton** (19.07.04 16:18)
> *Re: Too much*
> *BeBossy schrieb: Das sind doch keine Verbrecher...*
> *Hi BeBossy! Sie haben aber ganz klar gegen bestehende Gesetze verstoßen, und das ist auch nicht weniger kriminell, als jemandem ein Auto zu klauen. Nur kommt es einem im Internet irgendwie so abstrakt vor. Man beklaut ja niemanden direkt sondern nur indirekt.*
>
> Beispiel für einen Beitrag mit einer negativen Tendenz zum Thema Urheberrecht – Softwarepatente verhindern?:
>
> **Beckett** (14.07.04 18:07)
> Absolut dagegen!!!
>
> Also ich bin dagegen. Monopole sind das Allerletzte. Jeder sollte auf der Grundlage des Alten weiterarbeiten können. Nur so ist Innovation möglich. Bei der Einführung von Patenten sind dann wieder Konzerne wie Microsoft die Gewinner und ziehen die ganze Kohle an Land. Freie Entwickler haben dann keine Chance mehr...

Abbildung 4-15: Tendenz der Beiträge zum Thema im Forum „Urheberrecht"

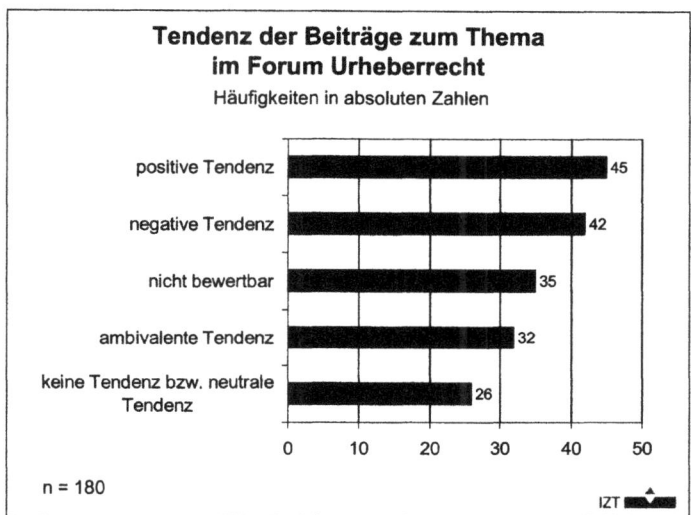

Quelle: IZT – Institut für Zukunftsstudien und Technologiebewertung.

Kommunikationsstil der einzelnen Beiträge:

Bei der Analyse der insgesamt 180 Beiträge wird deutlich, dass der überwiegende Teil (81 Beiträge) einen deskriptiven Charakter aufweist, d. h. die Teilnehmenden versuchen den anderen lediglich Wissen zu übermitteln sowie sachlich und argumentativ ihre Einstellung zum Thema Urheberrecht darzulegen.

> **Fodleg** (11.08.04 10:40)
> *Re: Re: Eigenvertrieb*
>
> *Juragel schrieb: aber das Internet bietet Musikern ohne Plattenvertrag auch die Möglichkeit, sich selbst eine Plattform zu schaffen. Marke Eigenvertrieb. Aber da steckt natürlich viel weniger Werbepower dahinter als bei den Majors. Trotzdem: es bringt Unabhängigkeit - und Qualität findet mit der Zeit ein Publikum. Das is meine Meinung...*
>
> *Du hast recht – aber es ist auch ein bisschen sehr theoretisch gesprochen. Das bedeutet nämlich eine menge arbeit für den künstler! Bis man dahin kommt, dass das ding von selbst läuft und man vielleicht sogar davon leben kann, ist es ein weiter weg! Konkret heißt das für den musiker, dass er „nebenbei" arbeiten muss, um leben zu können, seine musik machen und zusätzlich den ganzen vertriebskram und die werbung. Das stell ich mir schon ganz schön heftig vor. Zumal man sich wissen über vertrieb und werbung ja auch erstmal aneignen muss.*

Allerdings versuchen auch 41 Beiträge auf eine eher agitativ/ polemische Art, den anderen Forumsteilnehmerinnen und -teilnehmern ihren Standpunkt zu übermitteln:

droeller (05.10.04 23:36)
Re:
musiker müssen sich doch wohl nicht dumm und dämlich verdienen, oder? reicht es nicht, wenn sie sich so über wasser halten wie du und ich? sie dürfen immerhin schon das machen, was ihnen spaß macht...!

kryder (16.09.04 22:01)
Re:
viele musiker sagen „ich mache musik weils mein schicksal/berufung ist" warum wollen sie dann geld dafür??? die musiker und platetnfirmen verdienen schon noch genug, auch mit den downloadern!!!

Weitere 32 Beiträge zeigen einen diskursiven und nur zwei Beiträge sind durch einen eher selbstdarstellenden Kommunikationsstil gekennzeichnet.

Abbildung 4-16: Kommunikationsstil der Beiträge im Forum „Urheberrecht"

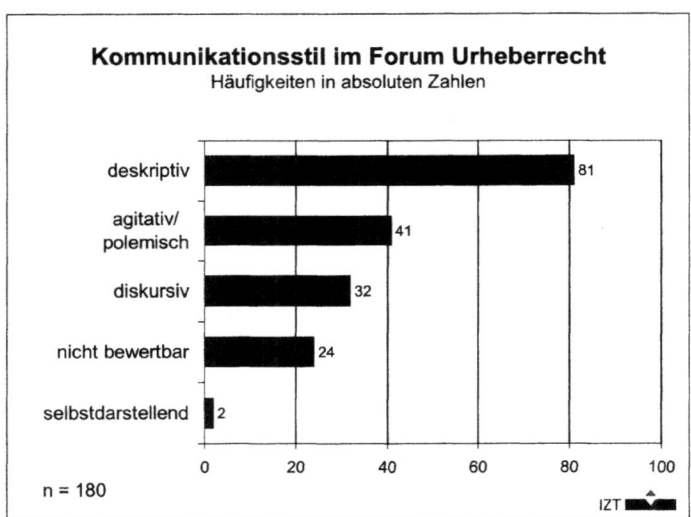

Quelle: IZT – Institut für Zukunftsstudien und Technologiebewertung.

Länge der einzelnen Beiträge:

Die einzelnen Beiträge des Forums Urheberrecht zeichnen sich durch eine eher geringe Beitragslänge aus. So beträgt die durchschnittliche Länge aller Beiträge rund 73 Wörter. Der längste Beitrag hat 503 Wörter, der Kürzeste nur eine Länge von acht Wörtern.

4.4 Chats auf den Internet-Portalen von Bundestag und Bundesregierung

Im Rahmen dieser Expertise wurden insgesamt zwölf Chats näher betrachtet. Die hohe Zahl der berücksichtigten Angebote von Bundestag und Bundesregierung trägt insbesondere dem Ziel Rechnung, unterschiedliche Typen von Chats zu identifizieren und im Rahmen der Analyse zu vergleichen.

Ausgewählt wurden

- Die Chats des „Dialog Nachhaltigkeit" der Bundesregierung unter http://www.bundesregierung.de/Politikthemen/Nachhaltige-Entwicklung-,11416/Chats.htm, wobei hier wiederum auf die Beiträge der zweiten Chat-Reihe ab Mai 2004 zurückgegriffen wurde, in deren Mittelpunkt der Entwurf des Fortschrittsberichts zur Nachhaltigkeitsstrategie stand. Die zweite Reihe umfasste fünf Chats.

- Die Event-Chats der Bundesregierung anlässlich der CeBIT 2004. Veranstaltet wurden drei Chats, die über www.bundesregierung.de nachzulesen sind. Dazu zählen der Chat mit Regierungssprecher Béla Anda unter http://www.bundesregierung.de/artikel-,413.623592/Chat-mit-Regierungssprecher-B-.htm, der Chat mit Bundesfamilienministerin Renate Schmidt unter http://www.bundesregierung.de/artikel-,413.624879/Chat-mit-Bundesfamilienministe.htm sowie der Chat mit Bundesjustizministerin Brigitte Zypries unter http://www.bundesregierung.de/-,413.625982/artikel/Chat-mit-Bundesjustizministeri.htm.

- Zwei Chats zum Thema „Urheberrecht", die vom Deutschen Bundestag und dem Bundesjustizministerium veranstaltet wurden: Hierzu zählen der Chat im Jugendforum des Deutschen Bundestags www.mitmischen.de zum Thema „Urheberrecht: Downloads und Raubkopien" mit den Bundestagsabgeordneten Dirk Manzewski (SPD) und Dr. Günter Krings (CDU/CSU) sowie dem Musiker Clueso und dem Rechtsexperten der Phonoverbände, Dr. Thorsten Braun. Der Expertenchat zum Thema „Urheberrecht – Zweiter Korb" am 16. März 2004 wurde mit Urheberrechts-Expertinnen und -Experten des Bundesjustizministeriums veranstaltet.

- Zwei Chats mit Bundesministerin Renate Schmidt über das thematische Angebot www.towards-power.de zur Balance von Arbeitswelt und Familie. Das Thema des ersten Chats am 24.03.2004 lautete „TOwards Power! Damit Frauen an die Spitze kommen"; der zweite Chat am 25.05.2004 fokussierte „Balance von Familie und Arbeitswelt –damit Frauen an die Spitze kommen". Hintergrund dieser Chats bildet die Konferenz „TOwards Power - Frauen in Entscheidungspositionen in der Wirtschaft", die vom 16. bis 18. Juni 2004 in Berlin stattfand. Die Protokolle der Chats sowie Antworten zu weiteren Fragen, die im Anschluss an die Chats beantwortet wurden, sind unter http://www.towards-power.de/web/de/ chat.-htm online dokumentiert.

Moderierte und unmoderierte Chats

Chat-Anwendungen ermöglichen es einer größeren Zahl von Benutzern, über das Internet zeitlich synchron zu kommunizieren. Ihnen kommt eine „Zwitterstellung zwischen synchronen Kommunikationsformen gesprochener Sprache und asynchronen Medien geschriebener Sprache" (Lenke/Schmitz 1995:121) zu. Die verwendete Sprache befindet sich an der „Schnittstelle Schriftsprache/gesprochene Sprache" (Runkehl et al.,1989, S.83; zitiert nach Schönfeldt, 2002, S. 27).

Bei nicht moderierten Chats werden gesendete Beiträge nach dem so genannten „Mühlen-Prinzip" in der Reihenfolge ihres Eingangs angezeigt. Somit stehen „die funktional-thematisch aufeinander bezogenen Sequenzen aber nicht notwendigerweise hintereinander, sondern können durch Teile anderer Sequenzen unterbrochen sein. [...] Um das Entwirren der Sequenzen zu erleichtern, werden die Beiträge häufig direkt an einen bestimmten Adressaten gerichtet, der – meist zu Beginn des Beitrags – namentlich angesprochen wird." (Storrer, 2002, S. 11)

Dagegen wird bei moderierten Chats die Reihenfolge der veröffentlichten Beiträge durch den Moderator bzw. durch einen Experten vorgegeben: „Das Verfahren bietet sich für so genannten. Prominenten-Chats an, in denen beliebige Chat-Teilnehmer Fragen an Personen des öffentlichen Lebens stellen können. [...] Die Beiträge sind als Frage-Antwort-Sequenz geordnet: Auf jede Frage folgt unmittelbar die zugehörige Antwort. Durch die Kontrolle über Auswahl und Reihenfolge der Beiträge kann der Moderator nicht nur solche übersichtlichen Strukturen erzeugen; er kann auch unliebsame Beiträge ignorieren bzw. aussondern. Diese Kontrolle reduziert allerdings die Spontaneität, aus der die Chat-Kommunikation auch ihren Charme bezieht." (Storrer, 2002, S. 13)

Von den untersuchten Chats sind zehn Beispiele der Rubrik „Prominenten-Chats" zuzuordnen. In diesen Chats stellt sich jeweils eine Politikerin bzw. ein Politiker den Fragen interessierter Bürgerinnen und Bürger. Die beiden Chats

Abbildung 4-17: Ausgewählte Chats im Überblick

Thema	Datum	Gesprächspartnerin bzw. Gesprächspartner im Chat
Nachhaltiger Verbraucherschutz	15.06.2004	Matthias Berninger, Parlamentarischer Staatssekretär im Bundesverbraucherministerium
Die Rolle der erneuerbaren Energien für die zukünftige Energieversorgung	25.05.2004	Margareta Wolf, Parlamentarische Staatssekretärin im Bundesministerium für Umwelt, Naturschutz und Reaktorsicherheit
Alterseinkünftegesetz - ein Aspekt nachhaltiger Finanzpolitik	08.06.2004	Barbara Hendricks, Parlamentarische Staatssekretärin im Bundesfinanzministerium
Stand der Umsetzung der Nationalen Nachhaltigkeitsstrategie	22.06.2004	Dr. Frank Walter Steinmeier, Chef des Bundeskanzleramtes
Empfehlungen des Nachhaltigkeitsrates an die Bundesregierung	1.06.2004	Dr. Angelika Zahrnt, Vorsitzende des BUND und Mitglied des Rats für nachhaltige Entwicklung zu den Empfehlungen des Nachhaltigkeitsrates an die Bundesregierung
Agenda 2010 – Warum sind die Reformen notwendig?	18.03.2004	Béla Anda, Regierungssprecher
SCHAU HIN! was deine Kinder machen - Medienspaß ohne Risiko	20.03.2004	Renate Schmidt, Bundesfamilienministerin
Kooperative Gesetzgebung	22.03.2004	Brigitte Zypries, Bundesjustizministerin
Urheberrecht: Downloads und Raubkopien	16.03.2004	Dirk Manzewski MdB, Dr. Günter Krings MdB, Dr. Thorsten Braun, Rechtsexperte der Phonoverbände und der Musiker Clueso
Urheberrecht - Zweiter Korb	16.03.2004	Expertinnen und Experten des Bundesjustizministeriums
TOwards Power! Damit Frauen an die Spitze kommen	24.03.2004	Renate Schmidt, Bundesfamilienministerin
Balance von Familie und Arbeitswelt – damit Frauen an die Spitze kommen	25.05.2004	Renate Schmidt, Bundesfamilienministerin

Quelle: IZT – Institut für Zukunftsstudien und Technologiebewertung.

zum Thema „Urheberrecht" weichen hiervon ab: Im Chat des Bundesjustizministeriums „Urheberrecht - Zweiter Korb" werden Fragen von einer Gruppe von Expertinnen und Experten beantwortet. Das Protokoll des Event-Chats anlässlich der Popkomm „Urheberrecht: Downloads und Raubkopien" unter www.mitmischen.de entspricht – obwohl moderiert – in wesentlichen Zügen unmoderierten Chats. Die Beiträge werden im Mühlenprinzip wiedergegeben. Auch sind alle Beiträge der Teilnehmerinnen und Teilnehmer sowie der vier teilnehmenden Experten protokolliert.

Übergreifende Indikatoren

Dauer der Chats:

Die Chats hatten eine typische Länge von 45 Minuten bis zu einer Stunde.

Ankündigung der Chats:

Die Chats wurden in der Regel über die Internetangebote sowie über Pressemitteilungen bzw. Newsletter veröffentlicht. Das Bundesjustizministerium gibt beispielsweise an, Chats ca. eine Woche vorher anzukündigen.

Anzahl der aktiven Teilnehmerinnen und Teilnehmer:

An den 12 Chats haben insgesamt 204 Teilnehmerinnen und Teilnehmer (ohne Expertinnen und Experten) aktiv teilgenommen und Beiträge eingestellt. Dies entspricht einer durchschnittlichen Anzahl von 17 Teilnehmerinnen und Teilnehmern pro Chat. Von diesem Mittelwert sind nur geringe Abweichungen zu verzeichnen. Die Anzahl der passiven Teilnehmerinnen und Teilnehmer, die die Chats online verfolgten, ist nicht bekannt.

Anzahl der Expertenbeiträge pro Chat:

Pro „Fragestunde" konnten zwischen 13 und 24 Fragen (pro Experte) beantwortet werden. Eine Ausnahme bietet wiederum der Chat unter mitmischen.de, dessen genaue Dauer nicht bekannt ist. Dem Gesprächscharakter dieses Chats entsprechend ist sowohl die Länge der Beiträge kürzer, als auch die Zahl der Beiträge der Experten höher.

Abbildung 4-18: Anzahl der Beiträge der Expertinnen und Experten in den untersuchten Chats

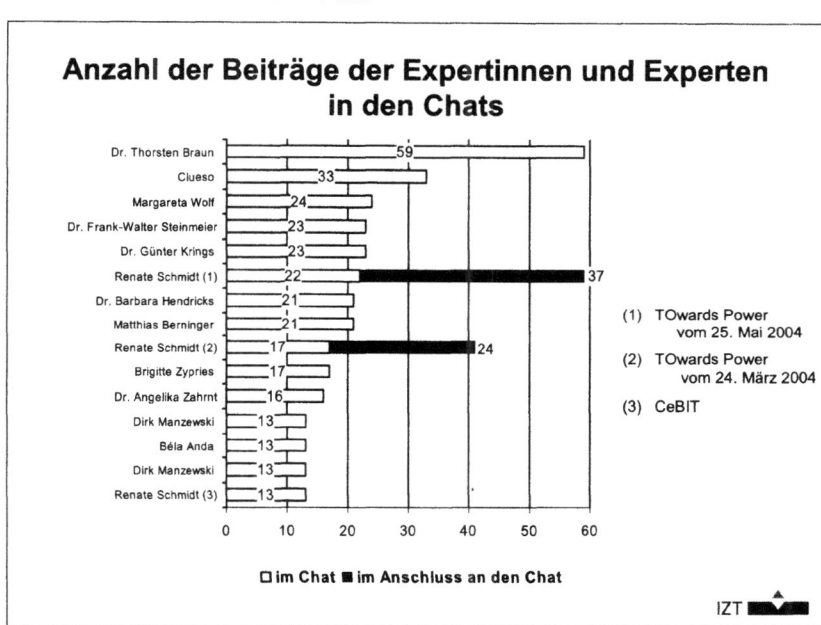

Quelle: IZT – Institut für Zukunftsstudien und Technologiebewertung.

Anzahl der Beiträge im gesamten Forum:

In den Chats wurden insgesamt 576 Beiträge veröffentlicht. Somit wurden im Durchschnitt 2,8 Beiträge pro Teilnehmerin bzw. Teilnehmer erstellt. Die Anzahl der Beiträge pro Teilnehmerin bzw. Teilnehmer variiert erheblich. Vor allem im Chat des Jugendforums des Deutschen Bundestags unter www.mitmischen.de ist eine intensive Beteiligung festzustellen. Den Spitzenwert erzielt der Chat-Teilnehmer „Achemt" mit 39 Beiträgen. Jedoch auch andere Chats verzeichnen eine rege Teilnahme einzelner Nutzerinnen und Nutzer. So beteiligt sich „equinox" mit zehn veröffentlichten Beiträgen am Expertenchat des Bundesjustizministeriums zum Urheberrecht. In den Chats, in denen ein politischer Akteur Fragen von Bürgerinnen und Bürgern beantwortet, sind die Chat-Teilnehmerinnen und Chat-Teilnehmer in der Regel mit ein bis zwei Fragen vertreten.

Charakterisierung der Akteure anhand von Selbstdarstellung

Name (Namensgebung):

Von den insgesamt 576 eingestellten Beiträgen ist der überwiegende Teil – 397 Beiträge – anonym unter Angabe eines Pseudonyms abgegeben worden. 120 Teilnehmerinnen und Teilnehmer haben sich mit ihrem Vornamen für den Chat angemeldet, 27 mit ihrem Nachnamen. In der Rubrik „Rolle" wurden diejenigen Bürgerinnen und Bürger verzeichnet, die ihre Position in Beruf oder Privatleben ausgewählt haben. Typische Beispiele hierfür sind „Mutter" oder „Steuerberaterin". Ausnahmsweise werden auch drei provokative Beschreibungen („chauvinist") oder die Zugehörigkeit zu einer Institution oder Vereinigung gewählt („Aachener Stiftung"). Die Nennung von Namen und Vornamen oder die Angabe eines akademischen Grads bilden Ausnahmen („Prof_G_Hecker").

Abbildung 4-19: Namensgebung in den Beiträgen der Chat-Teilnehmerinnen und -Teilnehmer

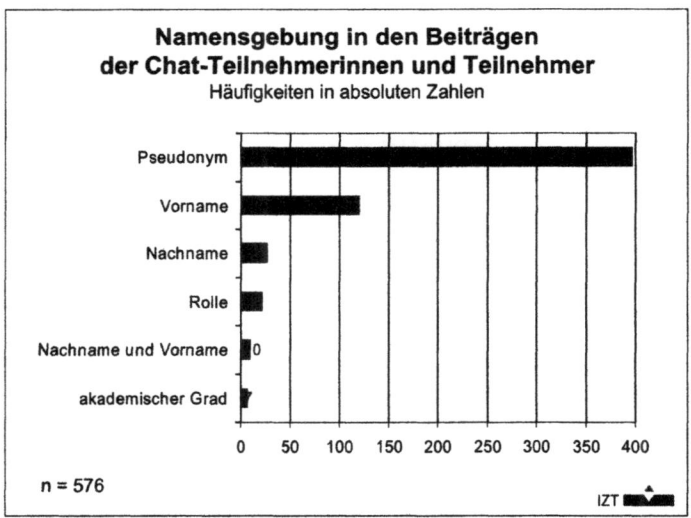

Quelle: IZT – Institut für Zukunftsstudien und Technologiebewertung.

Geschlechtliche Zuordnung der Teilnehmer:

Von den insgesamt 576 Beiträgen konnten nur 200 dem weiblichen oder männlichen Geschlecht zugeordnet werden. Dies gilt auch dann, wenn der Inhalt der Beiträge zur Analyse herangezogen wird. Damit sind insgesamt 376 Beiträge nicht nach Geschlecht zuzuordnen.

Abbildung 4-20: Geschlecht der Chat-Teilnehmerinnen und -Teilnehmer

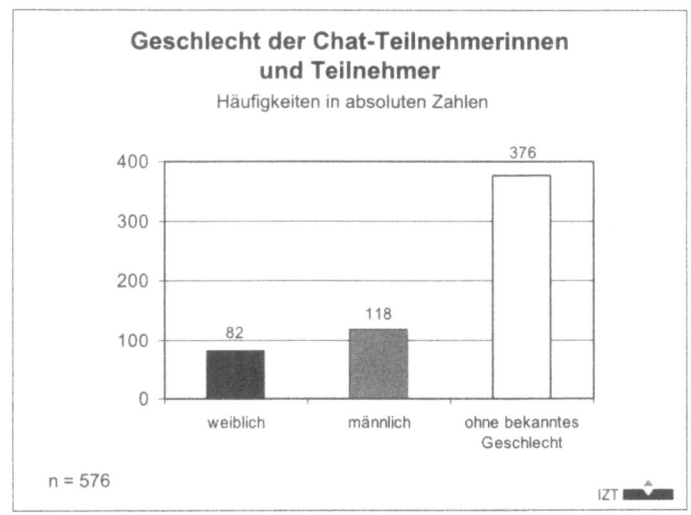

Quelle: IZT – Institut für Zukunftsstudien und Technologiebewertung.

Eine Unterscheidung zur **„Positionierung innerhalb der Gesellschaft"** konnte aufgrund des spezifischen Charakters der vorliegenden Chat-Beiträge nicht erfolgen. Vergleichbares gilt für die **Tendenz der Beiträge** und den **Kommunikationsstil**. Dieses Ergebnis entspricht der Zielsetzung der Chats, Fragen von interessierten (anonymen) Bürgerinnen und Bürgern zu beantworten. Diskussionen entwickeln sich nur ansatzweise. Auch ein Austausch zwischen „normalen" Teilnehmerinnen und Teilnehmern ist die Ausnahme und aufgrund der gewählten Form der Chatdurchführung und Protokollierung vor allem im Chat unter www.mitmischen.de zu finden.

Länge der einzelnen Beiträge:

Die Fragen der Teilnehmerinnen und Teilnehmer haben typischerweise eine Länge von 20 bis 30 Wörtern, die Antworten sind in der Regel doppelt so lang. An dieser Stelle zeigen sich deutliche Unterschiede zu den Ergebnissen der untersuchten Foren.

Moderation:

Hauptaufgabe der Moderatorinnen und Moderatoren der Chats ist die Gestaltung der Begrüßungs- und Schlusssequenzen der einzelnen Chats. Diese folgen in elf der zwölf betrachteten Chats einem vergleichsweise einheitlichen Muster:

> „Moderator: Sehr geehrte Damen und Herren, liebe Chat-Besucherinnen und -Besucher! Am 25. Mai ab 18.00 Uhr steht Ihnen Margareta Wolf, Staatssekretärin im Bundesumweltministerium, für unseren Live-Chat zur Verfügung. Die Chat-Reihe im Rahmen des 'Dialog-Nachhaltigkeit' setzen wir damit fort und wie immer freuen wir uns über Ihre Beteiligung. Das Thema des heutigen Chats ist: 'Die Rolle der erneuerbaren Energien für die zukünftige Energieversorgung'. Sie können bereits jetzt Ihre Fragen abschicken! Wir werden diese ca. 15 Minuten vor Chatbeginn veröffentlichen.
>
> Moderator: Margareta Wolf ist jetzt eingetroffen und wird nun mit der Beantwortung der Fragen beginnen."

Diese Aussage gilt sowohl für die gewählte Anrede, als auch für den Stil der Ansprache und den Inhalt. Neben einer förmlichen Anrede bilden in der Regel die Nennung der Expertin bzw. des Experten, das Thema des Chats und die Bitte um Fragen nach dem Inhalt des ersten Moderationsbeitrags.

Auch die Schlusssequenzen sind sehr ähnlich: Neben dem Bedauern, dass keine Zeit mehr zur Beantwortung weiterer Fragen zur Verfügung steht, werden ggf. Hinweise auf weitere Chats oder das Protokoll des Chats gegeben. Typischerweise wird der Verlauf des Chats als „interessant" bewertet. Der Hinweis, dass weitere Fragen im Anschluss noch beantwortet werden, ist in weniger als der Hälfte der Protokolle zu finden. Eine Grußformel bildet in der Regel den Abschluss der Schlusssequenz.

> „Liebe Chat-Besucherinnen und -Besucher, traurigerweise ist die Zeit nun vorbei. Wir bedanken uns ganz herzlich bei Ihnen und natürlich auch bei Frau Ministerin Schmidt für die interessante und anregende Diskussion. Natürlich konnten in der Kürze der Zeit bei weitem nicht alle Fragen beantwortet werden. Dafür bitten wir um Ihr Verständnis. Wir werden versuchen, die übrigen, nicht beantworteten Fragen nachträglich zu beantworten. Das Protokoll zu diesem Chat finden Sie wie gewohnt sowohl auf der Website des BMFSFJ www.bmfsfj.de als auch auf der Website www.towards-power.de. Wir wünschen Ihnen allen noch einen schönen Abend!"

Eine Ausnahme bildet wie bereits bei anderen Aspekten der Chat unter www.mitmischen.de. Dem jugendlichen Zielpublikum entsprechend erfolgt die Begrüßung informeller.

> „Hallo @ alle!! Herzlich willkommen im mitmischen-Chat zum Thema „Urheberrecht: Downloads und Raubkopien". Der Musiker Clueso, die Bundestagsabgeordneten Dirk Manzewski (SPD), Dr. Günter Krings (CDU/CSU) und der Rechtsexperte der Phonoverbände, Dr. Thorsten Braun, freuen sich auf eure Fragen. Legt los..."

Auch die Teilnehmerinnen und Teilnehmer weisen – wie die Moderatoren – mit einem kurzen Gruß auf Ihre Anwesenheit im Chatraum hin: Dies gilt auch im Verlauf des Chats für neu hinzukommende Teilnehmerinnen und Teilnehmer bzw. für den Fall, dass eine Person den Chat frühzeitig verlassen muss.

> *Jenadi: servus*
> *Thorsten: Hallo, ich hoffe, dass es ein interessanter Chat wird *g**
> *MfG Thorsten*
> *Clueso (Musiker): servus hallo*
> *Juragel: Hallo Leute! Heute schon was runtergeladen ;-)*
> *RaymaN: Hallo*
> *y3k00: Nabend ;)*
> *Dr. Thorsten Braun (Phonoverbände): hallo zusammen*
> *sallenst: Hallo zusammen.*
> *RaymaN: hallo!*
> *bounce: Hallo, ich finde es klasse, dass wir wieder zahlreich im Chat sind. :o)*
> *Dr. Günter Krings (CDU - CSU): nö, noch nichts runtergeladen heute, aber letzte Woche - legal, gegen Geld*
> *ChrisT: Hallo*
> *Dirk Manzewski (SPD): Hallo an alle!*
> *Dr. Günter Krings (CDU - CSU): Hallo Hallo Hallo*

Die Schlusssequenz ist ebenfalls in einem „lockeren" Ton gehalten:

> *Moderator:*
> *Ciao Leute wir schließen jetzt!! Bis zum nächsten Chat! Macht's gut...*
> *[...]*
> *informationsgesell:*
> **wink**

Beteiligung von Teilnehmerinnen und Teilnehmern in mehreren Chats

Die Analyse der zwölf Chats eröffnet die Möglichkeit, zu untersuchen, ob sich Teilnehmerinnen und Teilnehmer an mehreren Chats beteiligten. Aufgrund der Nähe jeweils mehrerer Chats zu den Themen „Nachhaltigkeit", „Frauen in Privat- und Berufsleben" oder „Urheberrecht" war zu erwarten, dass Internetnutzerinnen bzw. –nutzer mit Interesse an der Chatkommunikation entweder durch das Interesse an einem Thema oder durch den regelmäßigen Besuch eines Internet-Angebotes bzw. durch das Abonnieren von Pressemitteilungen oder Newsletter auf diese Dialogangebote aufmerksam würden.

Insgesamt konnten 13 Namen identifiziert werden, die an unterschiedlichen Chats teilgenommen haben. Zwei davon sind Vornamen („otto"), die aufgrund der Häufigkeit ihres Vorkommens ein hohes Verwechslungspotenzial bieten.

Sechs Teilnehmerinnen und Teilnehmer nahmen an mehreren Chats des „Dialog Nachhaltigkeit" teil. Davon beteiligten sich fünf an drei und einer an zwei Chats. Eine Person („neosozial") war in den beiden Chats zum Urheberrecht auf den Seiten des Bundesjustizministeriums bzw. auf den Seiten des Jugendforums des Deutschen Bundestags vertreten.

Überraschend ist, dass sich vier Teilnehmer („christoph", „O.Kar", „Schmetterling" und „Martin_M") sowohl am Chat zum Thema „Die Rolle der erneuerbaren Energien für die zukünftige Energieversorgung" als auch am Chat zur „Balance von Familie und Arbeitswelt" auf den Seiten von www.towards-power.de beteiligten. Auch wenn aufgrund der Wahl der Namen eine Verwechselungsgefahr nicht auszuschließen ist, deutet die Häufung der Namen auf eine erneute Teilnahme hin.

Chattypische Sprache

Diekmannshenke (2002, S. 241) konstatiert unter Bezug auf Runkehl/Schlobinski/Siever (1998) und Thimm/Schäfer (2001), dass chattypische graphostilistische Mittel wie

- Emotikons – Ideogramme mit einer expressiven, im besonderen emotiven bzw. einer evaluativen Funktion wie der Smiley ☺– oder
- Akronyme bzw. Inflektive – Verbstämme zur Versprachlichung von Körperhandlungen wie *knuddel* –, die konventionalisiert werden müssen, um mit ihnen kommunizieren zu müssen,

in moderierten Chats im Gegensatz zu unmoderierten Chats nur selten eingesetzt werden. Allerdings werden sie in moderierten Chats besonders innerhalb der Begrüßungs- und Verabschiedungsphase verstärkt eingesetzt, wobei auch der Moderator und die Politikerinnen und Politiker davon Gebrauch machen.

Diese chattypischen Ausdrucksmittel konnten nur im Jugendforum des Deutschen Bundestages identifiziert werden. Von den 21 Emotikons signalisieren zwei Drittel den so genannten Smiley :-) oder Zwinker-Smiley ;-) bzw. leichte Abweichungen von diesen Grundformen. Beispielhaft seien genannt:

> *Juragel: Hallo Leute! Heute schon was runtergeladen ;-)*
>
> *MikeT: tauschbörsen haben auch was gutes: ich kann mir was runterladen, reinhören und wenn es mir gefällt, kauf ich mir die scheibe. ist wie im plattenladen, bloss, dass ich nicht hingehen muss. seit es tauschbörsen gibt, kaufe ich definitiv mehr musik als vorher..*
>
> *Dr. Thorsten Braun (Phonoverbände): @Mike T: Geh doch mal auf musicline.de , dort kann man auch (völlig legal) in Songs hineinhören*
>
> *{...} MikeT: @ dr. braun: inzwischen kommt die plattenindustrie auch dahinter, wie's geht. hat aber jahre gebraucht :((*

Inflektive sind mit *g* (von „grin", grinsen) oder *gg* („breites Grinsen") bzw. *wink* (für Winken) insgesamt sechs Mal vertreten. Als weiteres chattypisches Ausdrucksmittel finden sich Kurzformen wie CU („see you"), LOL („laughing out loud"), ROFL („rolling on the floor laughing") oder auch „4 free („for free") insgesamt 15 Mal im Jugendforum des Deutschen Bundestags.

Bewertung der Chats durch die Teilnehmerinnen und Teilnehmer

Eine Bewertung der Chats erfolgt bei moderierten Chats im Wesentlichen durch die Moderatorinnen und Moderatoren bzw. die Expertinnen und Experten. Wie bereits im Rahmen der „Moderation in der Schlusssequenz" benannt, verabschieden sich auch die Expertinnen und Experten mit einem Dank für das Interesse bzw. typischerweise der Bewertung des Chats als „interessant" oder auch „spannend".

> *„Dr. Frank-Walter Steinmeier: Ich bedanke mich für das riesige Interesse und wünsche einen nachhaltig schönen Abend."*
>
> *„Béla Anda: Der Chat war sehr interessant. Vielen Dank für die vielen Fragen. Auf bald."*

Die längere und persönlich wirkende Abschiedsformel von Bundesministerin Renate Schmidt bildet eine Ausnahme:

> *„Renate Schmidt: Es tut mir sehr Leid. Eigentlich muss ich schon längst hier weg sein. Ich fand, es war ein sehr interessanter und anregender Chat. Herzlichen Dank an alle, die sich beteiligt haben. Dort, wo es konkrete Fragen gibt, werden sich meine Mitarbeiterinnen bemühen, diese in angemessener Zeit zu beantworten. Dort, wo es Anmerkungen gibt, dürfen Sie sicher sein, dass ich sie lese. Und ansonsten den Mut nicht verlieren, weitermachen, ich tu's ja auch. Tschau!"*

Auch der hier enthaltene Hinweis, dass weitere Fragen im Anschluss an den Chat beantwortet werden, ist nicht typisch. Allerdings verweisen auch weitere Prominente oder Moderatoren auf die Möglichkeit, Fragen beispielsweise per E-Mail zu stellen.

Protokollierung und Nachfolgekommunikation

Nach den Analyseergebnissen aufgrund der Recherche nach Chatankündigungen auf den Internet-Portalen von Bundestag und Bundesregierung im Verhältnis zur Zahl der protokollierten Chats ist davon auszugehen, dass eine Zusammenfassung oder ein Mitschnitt dieser Dialogangebote typischerweise im Internet veröffentlicht wird. Hierbei wird häufig eine kurze Zusammenfassung bzw. die zentrale Aussage vorangestellt:

> *„Bundesjustizministerin Brigitte Zypries hat sich in einem Chat zu den Chancen und Vorteilen der Beteiligung von Bürgerinnen und Bürgern am Gesetzgebungsprozess geäußert. Für den Staat sei die Beteiligung wichtig, weil die Akzeptanz von Gesetzesinhalten durch die Beteiligung besser würde, so Zypries. Die Bundesministerin stellte sich den Fragen der Internet-Userinnen und User am 22. März, von 12.35 bis 13.05 Uhr live von der CeBIT zum Thema: Neue Formen der Beteiligung von Bürgerinnen und Bürgern am Gesetzgebungsprozess."*

Beispiele für die Ausschöpfung von weiteren Potenzialen der „getippten Gespräche" als Basis für eine mögliche Nachfolgekommunikation konnten nicht ermittelt werden.

5 Handlungsfelder

Die vorliegenden Untersuchungsergebnisse verweisen auf die folgenden Handlungsfelder:

1. Strategieklärung

Ob die Chancen interaktiver Dialogangebote zur Umsetzung eines deliberativen Politikstils umfassend und nicht ausschließlich als Instrument der Öffentlichkeitsarbeit umgesetzt werden, hängt weniger vom Medium ab, als vielmehr von der Bereitschaft der Politik, Vorgänge transparent zu gestalten und ein Mehr an Mitbestimmung bzw. Partizipation zuzulassen. Der Impuls für den strategischen Einsatz interaktiver Dialogangebote kann nicht alleine von „unten" bzw. aus dem außerparlamentarischen Bereich kommen. Vielmehr bedarf es einer weitgehenden parlamentarischen Einigkeit über den Einsatz von interaktiven Online-Dialogangeboten sowie über eine abgestimmte mittel- bis langfristige Planung.

2. Zieldefinition und Selektion

Es empfiehlt sich, die angestrebten Ziele von interaktiven Dialogangeboten (weiter) zu explizieren und zu priorisieren. Die Ziele und erwarteten Ergebnisse sollten in Abhängigkeit zur betroffenen Phase des jeweiligen Politikzyklusses ausgedrückt werden (Problemdefinition, Agenda-Setting, Konzept- und Strategieformulierung, Entscheidungsfindung, Implementation der Entscheidung).

Im Bereich der interaktiven Dialogangebote von Bundestag und Bundesregierung sind weniger quantitative als vielmehr qualitative Weiterentwicklungen gefragt (Anbindung an den politischen Meinungsbildungs- und Entscheidungsprozess, Vertiefung des politischen Diskurses). Da professionell durchgeführte interaktive Dialogangebote kostenintensiv sind (Akquisition von Teilnehmerinnen und Teilnehmern, cross-mediale Werbung, Moderation, Aufbereitung der Inhalte für die Einbindung in den politischen Prozess) kommt einer zielgerichteten Auswahl eine hohe Bedeutung zu.

3. Prozessdefinition

Interaktive Online-Dialogangebote müssen für die Forcierung deliberativer Politik unmittelbar in die politischen Prozesse eingebunden werden. Für die Bürgerinnen und Bürger, aber auch für Fachexpertinnen und Fachexperten muss deutlich erkennbar sein, ob und in welcher Form sich Politik bzw. politische Entscheidungsträger ihren Anregungen, Diskussionsbeiträgen und auch Fragen annehmen. Die Herstellung von Transparenz im Hinblick auf die Ziele und die Integration der Ergebnisse in den politischen Prozess ist unabdingbare Voraussetzung der Umsetzung deliberativer Politik und sollte daher konsequent geprüft und umgesetzt werden. Die diesbezüglichen Informationen sollten bereits im Voraus abgeklärt und publiziert werden, um nachfolgende Frustrationen zu verhindern und um zur Stimulation einer erhöhten Beteiligung zu dienen. Angebote mit klarem Verwertungszusammenhang fördern die Mitwirkung der Bürgerinnen und Bürger. Angebote ohne klaren Verwertungszusammenhang hingegen sind wenig glaubwürdig und im Sinne der Deliberation kontraproduktiv.

Darüber hinaus wäre es hilfreich, für interessierte Bürger und Bürgerinnen an zentraler Stelle und gut sichtbar einen Überblick über alle (aktuell) angebotenen Dialogangebote zu etablieren (z. B. jeweils unter www.bundestag.de und www.bundesregierung.de).

4. Optimierung der einzelnen interaktiven Online-Dialogangebote

Anknüpfend an den vorhergehenden Punkt, sind im Hinblick auf die Optimierung der einzelnen Online-Dialogangebote folgende drei unterschiedlichen Handlungsphasen neu und verbessert zu gestalten:

- o **Vorbereitungsphase**: Vor Beginn eines Chats oder Forums muss den potentiell Teilnehmenden vermittelt werden, ob und wenn ja, wie die Inhalte ihrer Beiträge in den politischen Entscheidungsfindungs- und/oder Diskussionsprozess etc. integriert werden sollen. Dies soll der Motivation und Forcierung der Entscheidung der potentiell Beitragenden, ob es sich für sie überhaupt lohnt teilzunehmen, dienen.

- o **Durchführungsphase**: Während der Durchführung sollten vonseiten der Moderation häufiger ein Feedback und auch kurze Zusammenfassungen des bisher Geäußerten gegeben werden, um den Teilnehmenden die Orientierung zu erleichtern und ihnen zu zeigen, dass sie bzw. die Inhalte ihrer Beiträge ernst genommen werden und um sie auch zu weiterem Engagement zu animieren.

- o **Nachbereitungsphase**: Nach Beendigung der Durchführung des Online-Dialogangebots sollte vonseiten der Moderation 1. eine Zusammenfassung, 2. eine Bewertung und 3. ein Feedback an die Teilnehmer gegeben werden, welche (z. T. nochmals) explizit erläutern, wozu die Beiträge gebraucht werden, wie diese eingeschätzt werden und welcher Stellenwert der Beteiligung insgesamt von den Dialogangebots-Betreibern gegeben wird. Dadurch fühlen sich die Teilnehmenden in ein exemplarisches Beispiel deliberativer Politik eingebunden. Sie sind dies auch faktisch, was einer Forcierung des betreffenden Politikstils und einer Erhöhung der Popularität dienen kann.

5. Klärung der Zuständigkeit für Koordination und Evaluation

Um das Angebot interaktiver Online-Angebote im Hinblick auf den Einsatz personeller Ressourcen nicht einfach „nebenher" laufen zu lassen, empfiehlt sich die Schaffung bzw. Benennung einer klaren verantwortlichen Zuständigkeitsstelle. Hierdurch kann eine übergeordnete und abgestimmte Planung, Konzeption und Koordination erfolgen, auch eine kontinuierliche Evaluation der Ergebnisse und Verwertungszusammenhänge.

6. Regelmäßigkeit bzw. zeitlicher Turnus der Online-Dialogangebote

Foren, Chats oder andere interaktive Dialogangebote sollten kontinuierlich und in regelmäßigen Abständen (z. B. einmal pro Monat) zu einem festen Zeitpunkt abgehalten werden. Hierbei könnte das betreffende Thema von den Betreibern (bzw. deren Auftraggebern) je nach Aktualität ausgesucht werden. Auch könnte das Thema durch spezifische („quasi") demokratische Online-Angebote ermittelt werden, bei denen die Nutzerinnen und Nutzer entweder selbst Vorschläge bzgl. des Themas einbringen und/ oder über verschiedene Themenvorschläge abstimmen könnten. Dadurch würde hier wirklich ein aktiv-deliberatives Element sichtbar. Dabei ist zu beachten, dass allerdings bzgl. der bundesdeutschen Gesamtbevölkerung keine repräsentativen Ergebnisse zustande kämen. Die nicht-repräsentativen Ergebnisse könnten aber durchaus zur Orientierung/Diskussion bzgl. der betreffenden Problematik von den politischen Entscheidungsträgern genutzt werden.

7. Cross-mediale Vernetzung der Dialogangebote

Die Dialogangebote sollten besser mit den Angeboten anderer Medien vernetzt werden, um den Dialog auf eine breitere Basis zu stellen (und somit auch die oben angesprochene Repräsentativität zu erhöhen) und um die Akquisition von Teilnehmerinnen und Teilnehmern zu verbessern. Eine Stärkung von Kooperationsprojekten könnte zur besseren Integration politischer Kommunikationen in den Online- und Offline-Welten führen.

8. Standardisierung in der Benutzerführung

Die wesentlichen Elemente interaktiver Dialogangebote sollten zur Erhöhung der Benutzerfreundlichkeit in Layout und Bedienung standardisiert werden (Stichwort: StyleGuide). Dies würde, durch die Vereinfachung, zu einer erweiterten Annahme der Angebote führen und auch zu einer ausgedehnteren Ausbreitung der diesbezüglichen Kompetenzen.

9. Ausweitung der Verbreitung von online-spezifischen Kompetenzen und notwendiger Hard-/Software

Um Dialogangebote für eine umfassende demokratische Nutzung einzusetzen, müsste ein universeller Zugang zum Internet verwirklicht werden, da sonst weite Teile der Bevölkerung von der Teilnahme ausgeschlossen wären. Aus demokratiepolitischer Sicht gilt es, vergleichbare Zugangsbedingungen zu schaffen, um einer weiteren Teilung der Gesellschaft entgegen zu treten. Hierbei ist nicht nur die zunehmende Verbreitung von Computern und Internet-Anschlüssen in der Bevölkerung zu beachten, sondern vor allem eine Ausweitung des Angebots von Möglichkeiten die relevanten Kompetenzen zu erlernen – genau auf dieses bildungspolitische Ziel ist zukünftig das Augenmerk stärker zu lenken.

Die Analysen des IZT ergeben des Weiteren Handlungsfelder für die Gestaltung der Internet-Präsenzen von Bundestag und Bundesregierung:

- **Diskussionen und Vereinheitlichung von Strategien und Herangehensweisen**: Die Gesamtstruktur der Informationsangebote der Bundesregierung ist unübersichtlich. Obwohl die Einbindung von Politikthemen sowohl über www.bundesregierung.de, über die Angebote der Bundesministerien oder themenbezogene Internet-Präsenzen im Einzelfall sinnvoll erscheinen mag, sind Politikthemen insgesamt schwer zu lokalisieren. Die unterschiedlichen Herangehensweisen der Bundesministerien fördern diesen Gesamteindruck. Eine weitere Vereinheitlichung der Informationsstrukturen könnte die Transparenz der Außendarstellung und die Auffindbarkeit der Angebote steigern.

- Die Vielfalt der Informationsangebote ist in einzelnen Fällen mit einem **Verlust an Qualität** verbunden. Mängel bei der Vollständigkeit des Impressums, aber auch der Navigation und der Suchmaschinenoptimierung sowie der behindertengerechten Gestaltung entsprechen nicht den Erwartungen, die an das Leistungsspektrum von Internet-Präsenzen von Bundestag und Bundesregierung gestellt werden.

Fachgesprächspartner

Braun, Dr. Thorsten: Bundesverband der Phonographischen Wirtschaft e.V., Syndicus

Hagedorn, Hans: Zebralog

Ludwig, Erwin: Deutscher Bundestag, Referat Öffentlichkeitsarbeit, Koordination mitmischen.de

Neumann, Hans-Peter: Deutscher Bundestag, Referat PI4, Online-Dienste, Parlamentsfernsehen, Koordinierung

Ramlow, Dr. Elke: Presse- und Informationsamt der Bundesregierung, Internetredaktion, Redaktionsleitung

René Röspel: Vorsitz Enquete-Kommission „Ethik und Recht der modernen Medizin" 15. Legislaturperiode

Senger, Joachim: Unrast Kommunikation GmbH, Redaktion mitmischen.de

Spiesecke, Dr. Hartmut: Bundesverband der Phonographischen Wirtschaft e.V./ Deutsche Phono Akademie e.V./ Deutsche Landesgruppe der IFPI e.V., Leiter der Presse- und Öffentlichkeitsarbeit

Trénel, Matthias: Wissenschaftszentrum Berlin für Sozialforschung, Abteilung Zivilgesellschaft und transnationale Netzwerke, Zebralog

Literaturverzeichnis

Bang, Henrik P., Eva Sørensen 1998: The Everyday Maker: a New Challenge to Democratic Governance. Paper presented at the ECPR Joint Sessions of Workshops, March 23-28 1998, University of Warrick. http://www.aub.auc.dk/phd/department02/text/1998/35031998_2.pdf (Abruf vom 10. Januar 2005). Aalborg: Aalborg Universitet.

Bauer, Univ.-Prof. Dr. Thomas A.: Kommunikationskulturen im Wandel. Wertemodelle und Wissensmodelle der Mediengesellschaft. Universität Wien. GPI – Gesellschaft für Pädagogik und Information e.V., Internetpublikation EU-Media. http://www.gpi-online.de/upload/PDFs/EU-Media/_Bauer-Kommunikationskulturen_im_Wandel1.pdf (Abruf vom 17.01.2005).

Beißwenger, Michael (Hrsg.) (2002a): Chat-Kommunikation. Sprache, Interaktion, Sozialität & Identität in synchroner computervermittelter Kommunikation. Perspektiven auf ein interdisziplinäres Forschungsfeld. Studienausgabe in 2 Bänden, Band 1. Ibidem-Verlag, Stuttgart.

Beißwenger, Michael (Hrsg.) (2002b): Chat-Kommunikation. Sprache, Interaktion, Sozialität & Identität in synchroner computervermittelter Kommunikation. Perspektiven auf ein interdisziplinäres Forschungsfeld. Studienausgabe in 2 Bänden, Band 2. Ibidem-Verlag, Stuttgart.

Bundesministerium des Innern (Hrsg.): Online-Foren in der Bundesverwaltung – Evaluation, Potenziale und Leitlinien. Schriftenreihe der KBSt, Band 58. http://www.kbst.bund.de/Anlage303477/KBSt-Schriftenreihe-Band-58-Online-Foren-in-der-Bundesverwaltung-134kB.pdf (Abruf vom 21.12.2004).

Diekmannshenske, Hajo (2002): „Das ist aktive Politik, Danke und Tschüß Franz". Politiker im Chatroom. In: Beißwenger, Michael (Hrsg.): Chat-Kommunikation. Sprache, Interaktion, Sozialität & Identität in synchroner computervermittelter Kommunikation. Perspektiven auf ein interdisziplinäres Forschungsfeld. Band 2, S. 241. S. 227 – 254.

Evert, Burkhard / Fazlic, Nermin / Kollbeck, Johannes (2003): E-Demokratie. Stand, Chancen und Risiken. In: Schulzki-Haddouti, Christine (Hrsg.): Bürgerrechte im Netz (http://www.schulzki-haddouti.de). http://www.mediaculture-online.de/fileadmin/bibliothek/ewert_e-demokratie/ewert_e-demokratie.html (Abruf vom 06.01.2005).

Fraas, Claudia (2004): Diskurse on- und offline. In: Fraas, Claudia / Klemm, Michael (Hrsg.): Mediendiskurse, Frankfurt a. M., Berlin, Bern, Brüssel, New York, Oxford, Wien: Peter Lang.

Habermas, Jürgen (1990): Strukturwandel der Öffentlichkeit. Frankfurt am Main: Suhrkamp Verlag.

Habermas, Jürgen (1992): Drei normative Modelle der Demokratie: Zum Begriff deliberativer Politik. In: Münkler, Herfried (Hrsg.): Die Chancen der Freiheit. Grundprobleme der Demokratie. Für Iring Fetscher zum 70. Geburtstag. München: Piper Verlag, S. 11-24.

Herzog, Martin (2003): Das Argument als Grundelement kommunikativer Rationalität – Politik als argumentativer Wettstreit um die bessere Lösung.
http://www.brainworker.ch/Dialog/argumentation.htm
(Abruf vom 28.12.2004).

Herzog, Martin (2004): Diskussionsforen – Bedingungen, Probleme, Chancen.
http://www.diskussionsforen.ch/diskussionsforen.htm
(Abruf vom 17.12.2004).

Holznagel, Grünwald, Hanssmann (2001): Elektronische Demokratie, Bürgerbeteiligung per Internet zwischen Wissenschaft und Praxis, München: Verlag C.H. Beck.

Institut für Organisationskommunikation (Hrsg.) (2001): Evaluation internetgestützter Diskurse zwischen Innovations- und Technikanalyse (Abschlußbericht CPC 864).
http://www.innovationsanalysen.de/download/abschlussber_internet_dis kurse.pdf (Abruf vom 17.12.2004).

Institut für Technikfolgenabschätzung und Systemanalyse (Hrsg.) (2002): E-Government. Zwischen Vision und Wirklichkeit. In: Technikfolgenabschätzung – Theorie und Praxis, Nr.3-4/2002.
http://www.itas.fzk.de/tatup/023/tatup023.pdf (Abruf vom 17.12.2004).

Kaczorowski, Willi (2004): eDemocracy: Konzept für demokratische Erneuerung. In: SPLITTER 1/2004.
http://www.lit.berlin.de/BVC/splitter/sp1-2004/edemocracy.htm
(Abruf vom 21.12 2004).

Klages, Helmut; Gensicke, Thomas (1999): Wertewandel und bürgerschaftliches Engagement an der Schwelle zum 21. Jahrhundert. Speyer: Forschungsinstitut für öffentliche Verwaltung (Speyerer Forschungsberichte 193).

Kuhlen, Rainer (1999): Elektronische Foren – Zur Virtualisierung von Öffentlichkeit und Medienwelt: auch eine Herausforderung für die Kulturpolitik.
http://www.inf-wiss.uni-konstanz.de/People/RK/Texte/kuhlen_-dresden99.html
(Abruf vom 28.12.2004).

Leggewie, Claus; Bieber, Christoph (2001): Interaktive Demokratie. Politische Online-Kommunikation und digitale Politikprozesse. In: Aus Politik und Zeitgeschichte B41-42/2001, S. 37-45.

Market Research & Services GmbH (Hrsg.) (2004): Qualitative Forschungsinstrumente in der Online-Durchführung. In: MR&S Fachartikel, 07/2004. http://www.mr-s.com/fachartikel/online_quali.html (Abruf vom 21.12.2004).

Reese-Schäfer, Walter (2001): Kommunitarismus. Frankfurt a. M.: Campus Verlag.

Schnapp, Kai-Uwe (2004): Kommunalverwaltung: Beteiligungsansprüche und schlanker Staat. Kann die Dezentralisierung administrativer Verantwortung ein Mittel zur Befriedigung erhöhter Beteiligungsansprüche der Bürger sein? Vortrag auf dem Wortshop „Governance-Strategien auf kommunaler Ebene – Lokale Netzwerke und kommunalpolitische Steuerung" 8. und 9. Dezember 2004 am Deutschen Jugendinstitut, Außenstelle Halle.

Schönfeldt, Juliane (2002): Die Gesprächsorganisation in der Chat-Kommunikation. In Beißwenger, Michael (Hrsg.) (2002), a. a. O., S. 25-53.

Schrape, Klaus; Kessler, Martina; Daub Claus H. (1995): Quo vadis Mensch. Eine strukturierte Materialsammlung „Medien und Gesellschaft" (unveröffentlicht), Basel.

Storrer, Angelika (2002): Sprachliche Besonderheiten getippter Gespräche: Sprecherwechsel und sprachliches Zeigen in der Chat-Kommunikation. In: Beißwenger, Michael (Hrsg.) (2002), a. a. O., S. 3-24.

Siedschlag, Alexander; Bilgeri, Alexander; Lamatsch, Dorothea (Hrsg.) (2001): Kursbuch Internet und Politik. Band 1/2001. Elektronische Demokratie und virtuelles Regieren. Leske + Budrich, Opladen.

Tauss, Jörg (2001): Politik und neue Medien. In: Holznagel, Grünwald, Hanssmann: Elektronische Demokratie, Bürgerbeteiligung per Internet zwischen Wissenschaft und Praxis, München: Verlag C.H. Beck.

Thaler Verena (2003): Chat-Kommunikation im Spannungsfeld zwischen Oralität und Literalität, Berlin: VWF.

Trénel, Matthias (2004): Möglichkeiten netzbasierter Kommunikation für Parlamente – Erfahrungen aus Großbritannien. Wissenschaftliches Gutachten im Rahmen des TA-Projektes „Analyse Netzbasierter Kommunikation unter kulturellen Aspekten" (unveröffentlicht) – vorgelegt dem Büro für Technikfolgen-Abschätzung beim Deutschen Bundestag (TAB), Berlin.

Trénel, Matthias (2004): Measuring the Deliberativeness of Online Discussions. Coding Scheme 2.4 (unveröffentlicht). Wissenschaftszentrum Berlin, Berlin.

Westholm, Hilmar (2002): Mit eDemocracy zu deliberativer Politik? Zur Praxis und Anschlussfähigkeit eines neuen Mediums. Institut für Technikfolgen-Abschätzung der Österreichischen Akademie der Wissenschaften (Hrsg.), Wien.
http://www.oew.ac.at/ita/pdf/ita 02 06.pdf (Abruf vom 28.12.2004).

Wienhöfer, Dr. Elmar; Kastenholz, Dr. Hans; Geyer, Thomas (2002): Bürgerbeteiligung im Internet? Möglichkeiten und Grenzen elektronischer Demokratie, Nr. 207/ Februar 2002.

Anhang:
Übersicht interaktiver Dialogangebote auf den Seiten der untersuchten Informations-Portale des Deutschen Bundestags und der Deutschen Bundesregierung (Chats, Foren, Online-Konferenzen)

Online-Chats

Herausgeber/ Anbieter	Site	Laufzeit	Datum, Themen und Akteure
Auswärtiges Amt	www.auswaertiges-amt.de	2002	17.01.2002, ab 11 Uhr, „Die Demokratisierung der Europäischen Union"
			20.03.2002, 14 Uhr, „Der Konvent zur Zukunft der Europäischen Union"
			25.04.2002, 9.30-10.30 Uhr, „Der Konvent und die Zukunft der Europäischen Union", mit Prof. Dr. Peter Glotz
			13.06. 2002, 11.00-12.00 Uhr, „Der Dialog mit den Bürgern zur Zukunft Europas"
			10.10.2002, 17.00-18.00 Uhr, „Wer sind die Beitrittskandidaten, die sich für die erste Erweiterungsrunde der Europäischen Union qualifiziert haben?"
			13.01.2003, „Die deutsch-französischen Beziehungen - 40 Jahre Elysée-Vertrag", mit Prof. Dr. Rudolf von Thaddenhat
			15.08.2002, 11 bis 12 Uhr, „Zum Weltgipfel für Nachhaltige Entwicklung"
Bundesministerium der Justiz	www.bmj.bund.de	2004	16. März 2004, „Urheberrecht – Zweiter Korb", mit Expertinnen und Experten des Bundesjustizministeriums
			22. März 2004, CeBIT-Chat mit Bundesjustizministerin Brigitte Zypries
Bundesministerium der Verteidigung	www.bundeswehrkarriere.de	2004	Regelmäßiger Mittwochs-Chat mit Experten und immer einem Wehrdienstberater zwischen 17:00 und 19:00 Uhr:
			15.12.2004: Faszination Technik - Als TechnikerIn im Transportgeschwader, Chat-Partner: Oberleutnant Ricardo Stöpel (27), Luftfahrzeugtechnischer Offizier in der Instandsetzungsstaffel beim Lufttransportgeschwader 61 in Penzing und Fähnrich Peter Hoffmann

Herausgeber/ Anbieter	Site	Laufzeit	Datum, Themen und Akteure
			(22), Student an der Bundeswehruniversität in München, Studiengang Elektrotechnik
			22.12.2004, Medizinstudium bei vollem Gehalt – Die Ausbildung zum Sanitätsoffizier, Chat-Partner: Oberstabsveterinär (w) Julia Klan, Veterinärin bei der Abteilung Gesundheitswesen im Sanitätskommando III in Erfurt.
			Search and Rescue über See - Die Rettungsflieger der Deutschen Marine? (06.10.2004)
			Das Prüfverfahren an der Offizierbewerberprüfzentrale - Wie kann ich mich vorbereiten? (13.10.2004)
			Der Feldwebel des Sanitätsdienst - Soldat und Rettungsassistent. (20.10.2004)
			Mechatroniker, Elektriker, Flugbegleiter oder Kaufmann - Ausbildung bei und für die Bundeswehr. (27.10.2004)
			Diplom-Ingenieur in Uniform - Der technische Offizier beim Heer. (03.11.2004)
			Als Wiedereinsteller zur Bundeswehr - Möglichkeiten und Chancen. (10.11.2004)
			Fliegen im Heer – Hubschrauberpiloten gesucht (17.11.2004)
			U-Bootjäger und Lebensretter - Als Hubschrauberpilot bei der Marine (24.11.2004)
			Der Ansprechpartner für alle Fragen der Karriere bei der Bundeswehr (01.12.2004)
			Patrouille in Kabul - Als Führer im Einsatz (08.12.2004)

Herausgeber/ Anbieter	Site	Laufzeit	Datum, Themen und Akteure
Bundesministerium für Bildung und Forschung	www.bmbf.de	2000	„Reform der Ausbildungsförderung heute im Parlament - BAföG statt Barkeeping - BAföG-Anträge lohnen sich wieder!" 19. Dezember 2000, von 12.00 bis 13.00 Uhr, unter http://www.bmbf.de/, Bundesministerin für Bildung und Forschung, Edelgard Bulmahn
Bundesministerium für Familie, Senioren, Frauen und Jugend	www.bmfsfj.de	2003, 2004	18.08.2003 „Wie lassen sich Kinder und Beruf vereinbaren?" mit Ministerin Renate Schmid 20.03.2004 „Schau hin" Was Deine Kinder machen – Medienspaß ohne Risiko" (CeBIT-Chat), mit Ministerin Renate Schmid
Bundesministerium für Familie, Senioren, Frauen und Jugend	www.towards-power.de	2004	24.03.2004 „Towards Power! Damit Frauen an die Spitze kommen", mit Ministerin Renate Schmid. 25.05.2004 „Balance von Familie und Arbeitswelt", mit Ministerin Renate Schmid
Bundesministerium für Gesundheit und Soziale Sicherung	www.die-gesundheitsreform.de	2004	Live-Chat zum Thema Gesundheitspolitik mit den Experten vom Bürgertelefon („Guten Tag! Ich heiße Clara und informiere Sie über die Gesundheitsreform. Und wenn ich einmal nicht weiter weiß, kann ich Sie zum Live-Chat mit unserem Bürgertelefon weiterleiten. Welches Thema interessiert Sie?")
Bundesministerium für Verkehr, Bau- und Wohnungswesen	www.bmvbw.de	2002	06.05.2002 „Die Soziale Stadt", Chat mit Achim Großmann, Parlamentarischer Staatssekretär beim Bundesminister für Verkehr, Bau- und Wohnungswesen 13. Februar 2002, 19.00 bis 20.00 Uhr, „Mobilität sichern - Umwelt schonen", Chat mit Herrn Stephan Hilsberg, Parlamentarischer Staatssekretär beim BMVBW. (Protokoll nicht archiviert)

Herausgeber/ Anbieter	Site	Laufzeit	Datum, Themen und Akteure
Presse- und Informationsamt der Bundesregierung	www.bundesregierung.de	2004. 2002	Chat mit Regierungssprecher Béla Anda: Agenda 2010 - Warum sind die Reformen notwendig?, 18. März 2004 **2004 „Dialog Nachhaltigkeit" (11 Chats):** 20.01.2004, Staatssekretär Erich Stather, BMZ („Nachhaltigkeit in der Entwicklungspolitik") 27.01.2004, Bundesministerin Renate Schmidt, BMFSFJ („Nachhaltige Entwicklung: Der Beitrag älterer Menschen in Wirtschaft und Gesellschaft") 03.02.2004, Dr. Volker Hauff, Vorsitzender des Rates für Nachhaltige Entwicklung („Nachhaltigkeit als Kompass für die Politik?") 10.02.2004, Staatsministerin Kerstin Müller, AA („Ein globaler Auftrag: Was folgt für die nationale Nachhaltigkeitsstrategie aus dem Johannesburg-Gipfel?") 11.02.2004, Staatssekretärin Margareta Wolf, BMU („Die Rolle der erneuerbaren Energien für die zukünftige Energieversorgung") 24.02.2004, Staatssekretär Wolf-Michael Catenhusen, BMBF („Nachhaltigkeit in Bildung und Forschung") 25.05.2004, Margareta Wolf, Parlamentarische Staatssekretärin im Bundesumweltministerium („Die Rolle der erneuerbaren Energien für die zukünftige Energieversorgung") 01.06.2004, Dr. Angelika Zahrnt, Vorsitzende des BUND und Mitglied des Rats für Nachhaltige Entwicklung („Empfehlungen des Rates an die Bundesregierung") 08.06.2004, Dr. Barbara Hendricks, Parlamentarische Staatssekretärin im Bundesfinanz-

Herausgeber/ Anbieter	Site	Laufzeit	Datum, Themen und Akteure
			ministerium („Alterseinkünftegesetz - ein Aspekt nachhaltiger Finanzpolitik")
			15.06.2004, Matthias Berninger, Parlamentarischer Staatssekretär im Bundesverbraucherministerium („Nachhaltiger Verbraucherschutz")
			22.06.2004, Dr. Frank-Walter Steinmeier, Chef des Bundeskanzleramtes („Stand der Umsetzung der Nationalen Nachhaltigkeitsstrategie")
			2002 „Dialog Nachhaltigkeit" (9 Chats):
			Chat vom 26.02.2002, Matthias Berninger, Parlamentarischer Staatssekretär beim Bundesminister für Verbraucherschutz, Ernährung und Landwirtschaft
			Chat vom 19.02.2002, Gila Altmann, Parlamentarische Staatssekretärin im Bundesumweltministerium
			Chat vom 13.02.2002, Stephan Hilsberg, Parlamentarischer Staatssekretär beim Bundesminister für Verkehr, Bau- und Wohnungswesen
			Chat vom 04.02.2002, Martin Bury, Staatsminister beim Bundeskanzler, Hans Martin Bury, Leiter des zuständigen Staatssekretärsausschusses
			Themen und Beteiligte der fünf weiteren Chats 2002 sind unklar.

Online-Foren

Herausgeber/Anbieter	Site	Laufzeit	Datum, Themen und Akteure
Bundesministerium für Bildung und Forschung	www.exist.de (http://www.dresden-exists.de/)	2004	GründerForum: Das Forum für Gründer und Gründungsinteressierte. (Allgemeines Diskussionsforum. Forum Anregungen/Wünsche/Lob und Kritik, Informationssystem Gründer)
Bundesministerium für Wirtschaft und Arbeit	www.bmwa.bund.de	2004	Diskussion von aktuellen Themen: Teilzeit; Ich-AG; Existenzgründung im Handwerk (Mobilfunk – unklare Zuordnung)
Bundesministerium für Wirtschaft und Arbeit	www.mobilfunk-information.de	2004	Mobilfunk (Sendeanlagen / Belastung; Investitionen, DECT Strahlung, Handystrahlung, Grenzwerte, Vogelzug. Mobilfunkantennen etc.) [siehe oben]
Bundesministerium für Wirtschaft und Arbeit	www.existenzgruender.de		Expertenforum mit den Themenbereichen: Gründungsplanung, Förderprogramme, Arbeitsförderung, Unternehmensnachfolge, Franchise, E-Business, Marketing, Auslandsgeschäfte, Recht, Personal, Steuern, Sozialversicherung, Nach der Gründung, Gründung und Schulden. Expertinnen und Experten des BMWA, der KfW Mittelstandsbank, des RKW Rationalisierungs- und Innovationszentrum der Deutschen Wirtschaft e.V., der Bundessteuer-

Herausgeber/Anbieter	Site	Laufzeit	Datum, Themen und Akteure
			beraterkammer, des Deutschen Notarvereins, des Bundesverbandes Deutscher Unternehmensberater sowie der Sozialversicherungsverbände stehen online zur Verfügung. Individuelle Anfragen werden zum Teil durch das BMWA anonymisiert veröffentlicht.
Bundesministerium für Wirtschaft und Arbeit	www.aus-fehlern-lernen.info	2004	siehe www.existenzgruender.de
Bundesministerium für Wirtschaft und Arbeit	www.teamarbeit-fuer-deutschland.de	2004	In Zusammenarbeit mit TeamArbeit für Deutschland hat DISCO das Regional Forum für den Austausch von Informationen und Erfahrungen zur Verfügung gestellt. Das Forum dient dem Networking in verschiedensten Themenbereichen wie beispielsweise Existenzgründung oder Berufsvorbereitung. Es bestehen folgende Foren: Regionale Foren: Baden-Württemberg, Bayern, Berlin, Brandenburg, Bremen, Hamburg, Hessen, Mecklenburg-Vorpommern, Niedersachsen, Nordrhein-Westfalen, Rheinland-Pfalz, Saarland, Sachsen, Sachsen-Anhalt, Schleswig-Holstein, Thüringen Forum „Profis zu Profi" (Austausch von persönlichen Erfahrungen und Eindrücken während der Mitarbeit bei TeamArbeit für Deutschland), WebLinks (Verweise auf interessante Angebote)
Bundesministerium für Wirtschaft und Arbeit	www.equal-de.de	2004	Kontakt- und Ideenbörse zu zweiten Förderrunde (z. B. Erleichterung der Unternehmensgründung für alle, Asyl, Stärkung der Sozialwirtschaft, aber auch nicht festgelegte Themenbereiche), Sortierung nach Bundesländern möglich
Bundesministerium	www.nexxt.org		https://www.nexxt.org/seiten/service/forum/ Zur Zeit stehen keine aktuellen Themen zur Verfügung. (14.12.2004) [Verweis auf das Forum Unternehmensnachfolge

Herausge-ber/Anbieter	Site	Laufzeit	Datum, Themen und Akteure
für Wirtschaft und Arbeit	existenzgruender.de]		
Deutscher Bundestag	www.bundestag.de	2002-2004	Aktuelles Forum: Wege aus der Krise? Debatte: Export und Binnennachfrage, Stellungnahmen der Parlamentsfraktionen: Walter Hoffmann (SPD), Dagmar Wöhrl (CDU/CSU), Fritz Kuhn (Bündnis 90/Die Grünen), Rainer Brüderle (FDP) Das Archiv des Online-Forums: Problemzone Schule Welche Stimme zählt? - EU-Verfassung und Volksentscheid Therapien für das Gesundheitssystem - Bürgerversicherung oder Gesundheitsprämie Mehr Ausbildung durch Umlage? Die Ausbildungsplatzabgabe Konjunkturbremse oder Garant für den Euro? Der Stabilitäts- und Wachstumspakt, Rentenfinanzen - Massive Eingriffe dringend notwendig Haushalt 2004 - Weichenstellungen für die Politik Auslandseinsätze und Wehrpflicht - Marschbefehle für die Bundeswehr Beschäftigungspolitik - Therapie für den Arbeitsmarkt Irak nach dem Krieg - Hilfe zum Überleben

Herausge- ber/Anbieter	Site	Laufzeit	Datum, Themen und Akteure
			Heilung für die kranken Kassen?
			Forschungsförderung: Wie bleiben wir an der Spitze?
			Wie die Bundestagsparteien Politik gestalten wollen
			Jugend und Gewalt - Was lehrt uns Erfurt?
			Nahostkonflikt - Der Staatsgeschichte im Kriegszustand
			Entwicklungspolitik - Der mühsame Kampf gegen die Armut
			Energie und Klima - Katastrophe per Knopfdruck
			Bund - Berlin: Die Lasten der Hauptstadt?
			Ergebnisse der Pisa Studie - Was muss sich im Schulsystem ändern?
			Sicherheitspaket II - Wie viel Sicherheit braucht Deutschland?
			Konjunktur - Wie kommt der Motor wieder in Schwung?
			Gesetzliche Krankenversicherung - Rezepte gegen die roten Zahlen
			Archiv der Online-Foren des Ausschusses für Familie, Senioren, Frauen und Jugend:
			Freiwilligendienste – wie geht es weiter?
			Gleichstellung in der Privatwirtschaft - brauchen wir neue Gesetze?,
			Wie viel Schutz braucht die Jugend?

Herausge-ber/Anbieter	Site	Laufzeit	Datum, Themen und Akteure
			Archiv des Forums der Enquete-Kommission „Recht und Ethik der modernen Medizin":
			Präimplantationsdiagnostik
			Forschung an embryonalen Stammzellen
Deutscher Bundestag	www.mitmischen.de	2004 (abgeschlossen und laufend)	Es wird ein offenes Forum
			Politik aktuell etc.
			sowie verschiedene Foren zu aktuellen politischen Themen angeboten:
			Biometrische Daten (Forum und Chat 22.09.2004 von 17:00 bis 18:00),
			Aids,
			Musikquote (Forum und Chat 28. Oktober von 15:30 bis 16:30 Uhr),
			Unireform,
			Hartz IV
			Abgeschlossene Foren:
			Urheberrecht (Forum und Chat)
			Ausbildungsplatzabgabe (Forum und Chat)
			Europawahl 2004 (Forum und Chat)

Herausgeber/Anbieter	Site	Laufzeit	Datum, Themen und Akteure
			mitmischen.TV – Forum (im Archiv und laufend)
			Chat Biometrische Daten:
			▪ *Michael Hartmann (SPD),*
			▪ *Clemens Binninger (CDU/CSU)*
			▪ *Gisela Piltz (FDP)*
			Chat Musikquote:
			Bundestags-Vizepräsidentin Dr. Antje Vollmer (B90/ Die Grünen)
			kulturpolitischer Sprecher der FDP, Hans-Joachim Otto
			Chat Europawahl 2004:
			Dieter Niethan (SPD),
			Michael Kretschmer (CDU/CSU),
			Anna Lührmann (B90/Die Grünen)
			Sabine Leutheusser-Schnarrenberger (FDP)
Deutscher Bundestag	www.bundestag.de (E-Demokratie-Projekt)	Bis 2002	Diskussionsthemen: Rot-grüne Koalitionsvereinbarung steht, Die Zukunft der eDemokratie, Online-Wahlen 2008, Informationsfreiheit
			Relaunch: Anregungen / Kritik / Fragen, Ihre Fragen und Themenvorschläge, Informationen des Moderators

Herausgeber/Anbieter	Site	Laufzeit	Datum, Themen und Akteure
			Geschlossene Themen: Ihr Thema für die Koalitionsverhandlung, Datenschutz im Betrieb, Datenschutz-Audit, Modernisierung des Datenschutzrechts, Sicherheit im Netz, Vorratsspeicherung
			Virtuelle Podiumsdebatte: Kritik zur Form der Podiumsdiskussion, Podiumsdiskussion vom 22.09.2002
Presse- und Informationsamt der Bundesregierung	www.bundeskanzler.de	Unklar („in den letzten 365 Tagen keine Beiträge")	„Nachhaltige Entwicklung"
			„Konsequenzen aus der Gewalttat von Erfurt"
			„Die wichtigsten Themen der neuen Legislaturperiode"

Online-Konferenzen

Herausgeber/Anbieter	Site	Laufzeit	Datum, Themen und Akteure
Deutscher Bundestag	www.bundestag.de	2003, 2004	„Ganztagsbetreuung Familie und Arbeitswelt", Online-Konferenz mit dem Ausschuss für Familie, Senioren, Frauen und Jugend vom 11. Februar 2004 Online-Konferenz mit dem Ausschuss für die Angelegenheiten der Europäischen Union, am 25. Mai 2004 Online-Konferenz des Ausschusses für Menschenrechte und humanitäre Hilfe zum Thema „Islamisches Recht und Menschenrechte" 12. November 2003 Online-Konferenz mit dem Vertreter des EU-Konvents zum Thema „Die neue Europäische Verfassung - Pro und Kontra" vom 1. Juli 2003 Online-Konferenz der Kinderkommission zum Thema „Beteiligung" vom 25. Juni 2003

ZukunftsStudien

Herausgegeben von Rolf Kreibich

Die Bände 1-20 sind beim Beltz Verlag, Weinheim und
die Bände 21-30 bei der Nomos Verlagsgesellschaft, Baden-Baden erschienen.

Band 31 Michael Heinze / Christian Trapp / Michaela Wölk / Sandra Krause / Mandy Scheermesser: Virtuelle Unternehmen. Trendentwicklungen, Unternehmensfallstudien, Erfolgsfaktoren, Zukunftsszenarien. Mit einem Vorwort von Rolf Kreibich. Unter Mitarbeit von Britta Oertel mit einem Praxis-Beitrag von Heike Arnold. 2007.

Band 32 Edgar Göll / Christine Henseling: Mobilisierung von Umweltengagement. Wie Unterstützungsmöglichkeiten für Umwelt- und Naturschutz erschlossen werden können. Herausgegeben vom Bundesministerium für Umwelt, Naturschutz und Reaktorsicherheit (BMU). 2007.

Band 33 Michaela Wölk / Britta Oertel / Jan Oppermann / Mandy Scheermesser: Online-Dialogangebote von Bundestag und Bundesregierung. Quantitative und qualitative Analysen. 2008.

www.peterlang.de

Karin Schweizer

Moderation und Steuerung der netzbasierten Wissenskommunikation
Ein Reader

Frankfurt am Main, Berlin, Bern, Bruxelles, New York, Oxford, Wien, 2006.
139 S., zahlr. Abb. und Tab.
Erwachsenenbildung und Weiterbildung.
Herausgegeben von Karin Schweizer und Petra Korte. Bd. 1
ISBN 978-3-631-55603-0 · br. € 24.80*

Band 1 der Reihe *Erwachsenenbildung und Weiterbildung* befasst sich mit der Steuerung und Moderation beim netzbasierten Austausch und der Konstruktion von Wissen. Dazu werden vielfältige Formen und Techniken eingesetzt wie die Kommunikation per Inter- oder Intranet, via Lernplattformen und Portalen oder mit Hilfe von Groupware, Datenbanken und Wissenslandkarten. Ein wesentliches Merkmal solcher Kommunikationsformen ist, dass sie sowohl Unterschiede als auch Gemeinsamkeiten im Vergleich zu Face-to-face-Situationen aufweisen. Daher müssen bei dieser Art der Vermittlung bekannte Methoden zur Wissenssteuerung verändert oder ersetzt werden. Ziel dieses Bandes ist es, solche Probleme der Moderation bei der netzbasierten Wissenskommunikation aufzuzeigen und Lösungswege anzubieten.

Aus dem Inhalt: Einführung in grundlegende Modelle der Kommunikation · Methoden der netzbasierten Vermittlung von Wissen · Wissensmoderation in unterschiedlichen medialen Umgebungen · Methoden der Wissensmoderation

Frankfurt am Main · Berlin · Bern · Bruxelles · New York · Oxford · Wien
Auslieferung: Verlag Peter Lang AG
Moosstr. 1, CH-2542 Pieterlen
Telefax 0041(0)32/3761727

*inklusive der in Deutschland gültigen Mehrwertsteuer
Preisänderungen vorbehalten
Homepage http://www.peterlang.de